Markus Schmitt

Vom Internet zum Intranet mit Beispielen für betriebliche

Bibliografische Information der Deutschen Nationalbibliothek:

Bibliografische Information der Deutschen Nationalbibliothek: Die Deutsche
Bibliothek verzeichnet diese Publikation in der Deutschen Nationalbibliografie;
detaillierte bibliografische Daten sind im Internet über http://dnb.d-nb.de/ abrufbar.

Copyright © 1997 Diplomica Verlag GmbH
Druck und Bindung: Books on Demand GmbH, Norderstedt Germany
ISBN: 9783838640150

http://www.diplom.de/e-book/219650/vom-internet-zum-intranet-mit-beispielen-
fuer-betriebliche-anwendungsfelder

Markus Schmitt

Vom Internet zum Intranet mit Beispielen für betriebliche Anwendungsfelder

Diplom.de

Markus Schmitt

Vom Internet zum Intranet mit Beispielen für betriebliche Anwendungsfelder

Diplomarbeit
an der Fachhochschule Köln
Fachbereich Wirtschaft
Lehrstuhl für Prof. Dr. Amon
3 Monate Bearbeitungsdauer
Oktober 1997 Abgabe

Diplom.de

Diplomica GmbH
Hermannstal 119k
22119 Hamburg

Fon: 040 / 655 99 20
Fax: 040 / 655 99 222

agentur@diplom.de
www.diplom.de

ID 4015
Schmitt, Markus: Vom Internet zum Intranet mit Beispielen für betriebliche
Anwendungsfelder
Hamburg: Diplomica GmbH, 2001
Zugl.: Köln, Fachhochschule, Diplomarbeit, 1997

Diplomica GmbH
http://www.diplom.de, Hamburg 2001
Printed in Germany

GLIEDERUNG

ABBILDUNGSVERZEICHNIS

1 Grundlagen

1.1 Problem: Betrieblicher Nutzwert Intranet

Die Intranets wurden anfangs als Auswuchs der allgemeinen Internet- und WWW-Hysterie belächelt, inzwischen hat sich allerdings die Erkenntnis durchgesetzt, daß es sich bei den Intranets um die derzeit wichtigste Entwicklung in der elektronischen Datenverarbeitung handelt[1]. Umso wichtiger ist es, sich nicht von Begeisterung oder Skepsis für oder gegen Internet/Intranets beeinflussen zu lassen, sondern die Möglichkeiten und Potentiale, die sich durch das Intranet ergeben, zu analysieren und für das eigene Unternehmen die richtigen Entscheidungen zu treffen. Dies sollte in der Form geschehen, daß man den Nutzwert einer Einführung dieser neuen Technologie ermittelt.

1.2 Begriffe: Internet/Intranet

Aus einem ehemals militärischen Projekt hat sich in einem Zeitraum von fast drei Jahrzehnten das Internet entwickelt, wie wir es heute kennen. Der Aufbau der weltweiten Infrastruktur, die basierend auf dem Standardprotokoll TCP/IP das unbestreitbar größte Wide Area Network (WAN) der Welt darstellt, vollzog sich in diesem Zeitraum beinahe unbemerkt von der Öffentlichkeit. Universitäten und Forschungseinrichtungen nutzen die Kommunikationseinrichtungen für Ihre Arbeit, private oder gar kommerzielle Nutzer waren lange Zeit vollkommen ausgeschlossen. Das beispiellose Wachstum der letzten Jahre und die vehemente Präsenz des Internets in allen Medien wurzelt auf Entwicklungen, die sowohl auf kulturellem wie auch politischem und technischem Gebiet Wirkung zeigen[2].

---

[1] Kyas, Othmar; Corporate Intranets (1997), Seite 17
[2] Vgl. Fochler/Perc/Ungermann; Lotus Domino 4.5 (1997), Seite 23

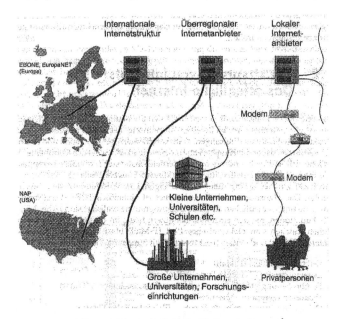

Abbildung 1: Die physikalische Architektur des Internet[3]

Das öffentliche Internet, auf dessen Basis sich die heutigen Intranets entwikkelten, ist ein Datennetz mit weltweiter Ausdehnung, bestehend aus hierarchisch strukturierten Datenmietleitungen. Transkontinentalkabel (Seekabel) und Satelliten verbinden dabei die Hauptverbindungswege (Backbones) der Kontinente, an welche sich nationale und regionale Internetdienstleister (Provider) ankoppeln. Die Internetprovider stellen für Internetkunden Einwahlknoten zur Verfügung, über die der eigentliche Anschluß an das Internet erfolgt. Die Finanzierung der Datenleitungen, aus denen das Internet besteht, erfolgt durch die Zugangsgebühren, die die Internetprovider von ihren Kunden bzw. die Betreiber der Backbones von den Internetprovidern erheben. Aufgrund der stark anwachsenden Zahl von Internetteilnehmern sind die Kosten für einen Internetzugang allerdings auf sehr geringe Beträge zurückgegangen, so daß sich heute jeder Privathaushalt, wie auch jedes Unternehmen, einen Anschluß problemlos leisten kann. Mit der Anzahl der Internetteilnehmer wächst auch die Datenfülle, die im Internet angeboten wird, da es heute nahezu genauso

---

[3] Kyas, Othmar; Corporate Intranets (1997), Seite 20

problemlos möglich ist, eigene Inhalte zu publizieren wie angebotene Inhalte zu konsumieren.

Das Kommunikationsprotokoll des Internet ist TCP/IP. TCP/IP setzt sich aus unterschiedlichen Diensten zusammen, die die verschiedenen Formen des Informationsaustausches bereitstellen. Beispielsweise dient der Dienst FTP (File Transfer Protocol) dazu, Daten zur weltweiten Verfügung zu stellen. Ein anderer Dienst, dem von Anfang an eine Schlüsselrolle zukam, ist die elektronische Post, mit deren Hilfe digitale Briefe binnen weniger Minuten rund um den Erdball zugestellt werden können.

Charakteristisch für die Anfangszeit des Internet war, daß für jeden Dienst ein spezielles, für dessen Nutzung konzipiertes, Programm benötigt wurde. Von Mitarbeitern des CERN in der Schweiz wurde die Hypertext Markup Language (HTML) geschaffen. Dadurch entstand ein neuer eigenständiger Dienst, durch den HTML-Seiten mit Hilfe eines Web-Browsers am Bildschirm angezeigt wurden. Das World Wide Web war zunächst ein Dienst, neben den weiter oben erwähnten Internet-Diensten, der einzelne Inhalte durch Hyperlinks weltweit verband und außerdem die ersten Schritte in Richtung Multimedia unternahm. Mit den Web-Browser konnten auch die anderen Dienste aufgerufen werden.

Mittlerweile stellt das World Wide Web nicht mehr nur einen Dienst unter mehreren dar, sondern vereint alle Möglichkeiten des globalen Datennetzes für den Anwender unter einer einheitlichen Schnittstelle, dem Browser. Daher kann man das WWW heute als Weiterentwicklung des Internet betrachten, Internet und WWW sind weitgehend Synonyme. In diesem Sinne behandelt die vorliegende Abhandlung fast ausschließlich das WWW.

Intranets sind private Datennetze, in denen die Technologie des öffentlichen Internets zum Einsatz kommen. Sie stehen heute im Brennpunkt der Diskussion um Betrieb und Architektur von Unternehmensnetzen.

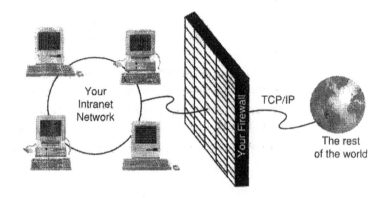

Abbildung 2: Darstellung eines Intranets[4]

<u>Was Experten über Intranets sagen[5]</u>

Intranets sind sehr schnell zu wertvollen Lösungen für Organisationen überall auf der Welt geworden. Trotz der Tatsache, daß das Konzept der Intranets noch sehr neu ist, hat die Anwendung von Intranets schon eine breite Spur von Aufregung, aber auch von Zufriedenheit, hinterlassen.

- Das Paketverfolgungssystem FedEx gestattet es 12.000 Anwendern am Tag per Computer Informationen über ihre Pakete zu finden, statt einen menschlichen Operator wegen der gleichen Information anrufen zu müssen. Ein Manager des Bereichs „Innere Technik" der Firma *Federal Express* sagte: „Wir sahen den Erfolg der Seite über Paketverfolgung und fragten uns, warum wir das nicht auch bei uns einführen könnten?" (siehe „Here Comes The Intranet", *Buisiness Week* vom 36.2.96: Seite 76-84). Bis heute hat FedEx mehr als 60 Web-Seiten erstellt, hauptsächlich durch und für Arbeitnehmer.

- „Das Intranet ist eine geniale Sache. Übernehmen Sie es auch." (Richard Karlgaard, Intranets are Real, *Forbes ASAP*, 8. April 1996)

- „Bis zum Jahr 2000 werden Unternehmen mehr als vier Millionen Intranet-Server eingerichtet haben, verglichen mit weniger als einer halben Millionen Internet-Server." (Quelle: IDC, *Forbes ASAP*, 8. April 1996, Seite 51)

---

[4] Servati/Bremner/Iasi; Die Intranet Bibel (1997), Seite 46
[5] Servati/Bremner/Iasi; Die Intranet Bibel (1997), Seite 46

- „Der Markt für Intranets wird sich im Jahr 1996 verdoppeln und im Jahr danach fast verdreifachen. Unter Bezugnahme des Prognose-Instituts Zona Research Inc. wird der Verkauf an Intranet-Software im Jahr 1996 die 448 Millionen Dollar-Grenze erreichen und 1997 1,2 Milliarden Dollar betragen. Basierend auf dieser Voraussage könnte der Verkauf von Intranet Software die Verkaufszahl der Lotus-Software *Notes* hinter sich lassen, die von der International Data Corp. für 1997 mit 800 Millionen Dollar vorhergesagt wird." (*The Wall Street Journal*, 7. Januar 1995)

- „Eine Untersuchung der Forester Research Inc. bei 50 größeren Unternehmen fand heraus, daß 16% ein Intranet besitzen und weitere 50% dabei sind, ein solches zu planen bzw. dies noch vorhaben." (*Business Week*)

- „Überall haben sich Server auf bestehender Hardware etabliert, oder lokale Abteilungen haben ihre eigenen, für sie reservierten, Server errichtet. Als die Leute dann mehr Informationen im internen Web fanden als in ihrer örtlichen Bibliothek, war der Damm gebrochen", sagte Larry Gutmann, Chief Information Officer der Schlumberger Ltd. (Joe Mullich, „Schlumbergers Selbstbedienungs-Intranet", *PCWeek*, 27. Mai 1996, Seite 48). Schlumberger CIO sagt auch: „Die Leute müssen verstehen lernen, daß sie nicht nur Verbraucher von Informationen sind, sondern sie auch liefern müssen."

- „Durch das Wegfallen des Papiersystems habe ich tatsächlich ein Anwachsen der Kommunikation unter den Angestellten beobachtet", sagte John Stevens, Datenbank-Administrator bei Boeing Co. in Seattle. „Wir sind dabei, Unmengen von Intranets einzurichten, wahrscheinlich hunderte." (Torsten Busse, „Intranets flourish due to easy development", *Infoworld*, 20. Mai 1996, Seite 35)

- „TCP/IP bietet uns plattformübergreifende Arbeitsmöglichkeiten und eine Optimierung der Kosten für die Verknüpfung. Prinzipiell bietet das Netzwerk eine Infrastruktur und eine Basis für die Leute, um alles, was sie wünschen, im Netzwerk zu erhalten", sagt John Taylor von der Informationstechnologie-Firma Du Pont Fellow. „Wir wollen uns nicht länger auf individuelle Protokolle verlassen müssen, die die Anwender der Gnade einzelner Händler und deren Marktstrategien ausliefern", sagt Taylor.

(Saroya, Girshankar, „Due Pont´s Network Glue", *Communications Week*, 3. Juni 1996)

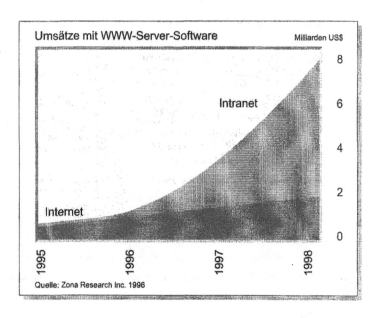

Abbildung 3: Potentiale und Märkte: Intranet vs. Internet[6]

1.3 Vorgehensweise

Ziel der Arbeit ist die Beantwortung der Frage, welchen wirtschaftlichen Nutzen die Einführung eines Intranets am Beispiel des Modellbetriebes der Köttgen GmbH & Co. KG bringt.

Im ersten Teil werden die Grundlagen dieser Arbeit angesprochen, wie die Definition des Problems des betrieblichen Nutzwertes des Intranets. Danach werden die Begriffe Internet und Intranet kurz erläutert. Ebenso wird eine Abgrenzung des Themas vorgenommen, da das Themengebiet im Umfang dieser Ar-

---

[6] Kyas, Othmar; Corporate Intranets (1997), Seite 17

beit unmöglich vollkommen abgedeckt werden kann. Zum Abschluß wird der Modellbetrieb, die Köttgen GmbH & Co. KG in Bergisch Gladbach, kurz skizziert.

Im zweiten Gliederungspunkt wird zur Aufbereitung dieses Themenbereichs als erstes auf die technischen Grundlagen eines Intranets bzw. Internets eingegangen. Dies geschieht unter dem Punkt 2: „Modell Intranet: Ein neuer Typ eines Informationssystem". Hier wird zunächst auf die Struktur von Informationssystemen eingegangen, insbesondere auf die Entwicklung der Informationssysteme.

Danach befaßt sich die Arbeit mit den Grundlagen der Datenkommunikation, wie LAN's und WAN's und vor allem dem TCP/IP-Protokoll. Ebenso werden die verschiedenen Datenbanksysteme angesprochen. Dann werden die unterschiedlichen Möglichkeiten der Client-Konfigurationen im Internet/Intranet diskutiert. Behandelt werden auch die verschiedenen Formen der Internet-Nutzung.

Den größten Umfang hat der Unterpunkt der die Standardsoftware für das Internet/Intranet beschreibt. Hier wird vor allem großer Wert auf die Beschreibung des HTML- und des Acrobat-Dokuments gelegt. Unter Punkt 2.4. werden die Programmiersprachen zum Erstellen von Anwendungssoftware kurz erläutert, im Mittelpunkt steht natürlich Java. Nachfolgend wird kurz die in Java geschriebene Standardsoftware behandelt. Ein wichtiger Punkt im Zusammenhang mit der Internet/Intranet-Technologie ist die damit verbundene Möglichkeit zum Einsatz von Multimedia im Zusammenhang mit betrieblichen Aufgaben. Abschließend wird die SAP AG als weltweiter Markführer für unternehmensweite Business Software und ihre Verknüpfungen mit der Internet-Technologie angesprochen.

Der dritte Gliederungspunkt befaßt sich mit den betrieblichen Anwendungsfeldern. Die Beispiele für betriebliche Anwendungen sind nach Geschäftsbereichen gegliedert.

Den Abschluß bildet im Gliederungspunkt 4 dann eine Nutzwertanalyse, die die oben bereits aufgeführte Fragestellung des wirtschaftlichen Nutzens beantworten soll.

1.4 Abgrenzung des Themas

Diese Arbeit erhebt nicht den Anspruch auf Vollständigkeit, da die schiere Masse an Applikationen, Konzepten und Ankündigungen, welche momentan den Markt überfluten, jeden Rahmen sprengen würden.

Ein Bereich auf den in dieser Arbeit nicht genauer eingegangen werden kann ist die Sicherheitsstruktur im Intranet, wie zum Beispiel die sogenannten Firewalls. Es gibt inzwischen eine Unmenge verschiedener Möglichkeiten zur Sicherung des Datenverkehrs im Internet/Intranet, so daß eine Aufbereitung dieses Themenbereichs im Rahmen dieser Arbeit nicht sinnvoll erscheint.

Der Zahlungsverkehr im Intranet findet bei den Beispielen betrieblicher Anwendungsfelder keine Berücksichtigung. Die Sicherheit im Internet stellt ein noch ungelöstes Problem beim Einkaufen über das Internet und das Intranet dar. Datenpakete, die über das Internet geschickt werden, können jederzeit angesehen werden. Das birgt natürlich Gefahren in sich. Dies bedeutet, daß für Firmen, die über das Internet verkaufen wollen, erst noch ein Weg gefunden werden muß, wie die entsprechenden Vorgänge sicher abgewickelt werden können. Natürlich gibt es inzwischen mehrere Ansätze, diesem Problem zu begegnen, allerdings sind diese noch nicht so weit ausgereift, daß sie einen sicheren Zahlungsverkehr garantieren können.

1.5 Anwendungsfeld: Modellbetrieb

Als Modellbetrieb dient die Köttgen GmbH & Co. KG, anhand derer eine Nutzwertanalyse über die Einsatzmöglichkeiten der Intranet-Technologie erstellt wird.

Die Köttgen GmbH & Co. KG ist ein mittelständisches Unternehmen, welches ca. 400 Mitarbeiter beschäftigt. Das Unternehmen produziert Regalförderzeuge in Einzelfertigung, sowie Gabelhubwagen und Kabelgarnituren. Im Bereich Gabelhubwagen gilt das Unternehmen als Marktführer in Europa.

Es gibt für alle drei Geschäftsfelder nur eine gemeinsame Einkaufsabteilung, gleiches trifft für Buchhaltung, Arbeitsvorbereitung und Konstruktion zu. Für die Geschäftsfelder Regalförderzeuge und Gabelhubwagen, sowie für Kabelgarnituren, gibt es allerdings jeweils eine eigene Verkaufsabteilung. Außerdem haben die Vetriebsabteilungen in Deutschland für alle Geschäftsbereiche jeweils sechs Außendienstmitarbeiter (regional verteilt). Desweiteren unterhält die Köttgen GmbH & Co. KG drei Verkaufsniederlassungen in Europa (Frankreich, Spanien und Österreich), sowie zwei in Übersee (USA, Kanada).

2 Modell Intranet: Ein neuer Typ eines Informationssystems

2.1 Struktur von Informationssystemen

2.1.1 Klassische Informationssysteme

2.1.1.1 Datenverarbeitungsanlagen mit Batchverarbeitung

Am Anfang der Entwicklung der elektronischen Datenverarbeitung standen Datenverarbeitungsanlagen, die ausschließlich Batch Jobs verarbeiteten. Direkten Zugang zu den Datenverarbeitungsanlagen hatten nur die Maschinenbediener.

Die Nutzer spezifizierten die Aufgaben mit Hilfe einer Job Control Sprache. Diese Job Control Sprache wurde dann von den Maschinenbedienern in die Datenverarbeitungsanlage eingegeben. Die Ergebnisse wurden als Listen ausgedruckt und verteilt.

2.1.1.2 Datenverarbeitungsanlagen mit Terminal

Als nächster Schritt wurden Terminals an die Datenverarbeitungsanlage angeschlossen. Die Terminals waren dadurch charakterisiert, daß sie keine vollwertigen Datenverarbeitungsanlagen waren, sondern nur der Eingabe und Ausgabe dienten. Zunächst waren die Terminals zeilenorientiert, später wurden fast nur noch sogenannte 327x Terminals benutzt. Diese Terminals hatten zwar meist auch keine graphische Oberfläche, aber die Textfelder und Eingabefelder konnten beliebig auf dem Bildschirm plaziert werden.

Die Kommunikation zwischen Datenverarbeitungsanlage und Terminals wurde zentral von der Datenverarbeitungsanlage gesteuert.

2.1.1.3 Client/Server-Verarbeitung

Die Einführung von PC's wurde überwiegend als Emanzipation von der zentralen Datenverarbeitung verstanden. Zunächst wurden die PC's häufig für sich allein gestellt benutzt. In Betrieben mit mehreren PC's zeigte sich aber, daß dies nicht sinnvoll ist. Daten müssen häufig von mehreren gemeinsam genutzt werden können und sind mehrfach auf PC's vorhanden. Deshalb wurden die PC's vernetzt.

Als Struktur der Datenverarbeitung wurde die Client/Server-Verarbeitung propagiert. Die Client/Server-Verarbeitung bestand aber oft nur darin, daß die Anwendungen allein auf dem Client lief, und auf den Servern nur die Datenbanken gehalten wurden. Die Verteilung der Verarbeitung auf Client und Server stellte hohe Ansprüche an Programmierer und Netzverwalter. Man prägte deshalb auch den Begriff „fat"-Client.

Die Hardware für Clients und Server waren überwiegend PC's. Die zentrale Datenverarbeitungsanlage wurde nur allmählich als Server begriffen, sie sollte vielmehr möglichst abgeschafft werden.

Die Netzstruktur bestand aus LAN's und WAN's. Diese Netzstruktur bleibt auch für das Intranet bestehen.

2.1.2 Internet/Intranet

2.1.2.1 Browser

Der Browser hat die Aufgabe die HTML-Codierung in ein ansehnliches Dokument umzuwandeln, so daß Schriftarten und Grafiken dargestellt, Sound-Dateien abgespielt und Animationen angezeigt werden können. Häufig genutzte URL's (Uniform Resource Locator) können auch mit Hilfe des Browser gespeichert und so immer wieder aufgerufen werden. Außerdem lassen sich mit ihm Vorwärts- und Rückwärtssprünge zwischen Hypertext-Seiten steuern[7].

---

[7] Vgl. Moseley/Boodey; Das Office 97 Buch (1997), Seite 65

Ebenso wird das Drucken von Daten über den Browser geregelt, wie auch die Zusammenarbeit mit CGI (Common Gateway Interface).

Während der Großteil der Computeranwender heute noch seine Daten und Programme auf der eigenen Festplatte verwaltet und dafür Betriebssysteme wie Windows, Dos, Macintosh, oder Unix nutzen, ziehen andere bereits ihre Software mit Browsern, wie dem Netscape Navigator oder Microsoft Explorer aus Unternehmensnetzwerken (Intranets) oder dem weltweiten Internet – die Computertechnik der Zukunft[8]. Ziel soll sein, daß alle Daten nur noch mit Browsern verarbeitet und auf dem Server gespeichert werden. Als Beispiel: Klickt ein Monteur einer Automobilwerkstatt am Monitor auf ein Symbol namens „Betriebsanleitung", wird die neueste Hilfsanleitung aus der Zentrale des Herstellers in den USA eingespielt, ein Text aus der deutschen Zentrale dazugeladen und von einer Software, die im hauseigenen Netzwerk gespeichert ist verarbeitet.

Allerdings sind z. Z. noch viele Daten und Programme z.B. auf Novell-Servern gespeichert. Durch die Internet/Intranet-Technologie soll hier ein einheitlicher Standard geschaffen werden.

Auf dem Browser-Markt findet im Moment ein Zweikampf David (Netscape Navigator) gegen Goliath (Microsoft Explorer) statt. In wenigen Monaten entwickelte sich der Microsoft Explorer vom dünnen Abklatsch des guten, alten Mosaic - zum supermodernen Hightech-Browser, der in den Augen vieler Experten den Netscape Navigator bereits technisch überholt hat[9].

Der Kampf um den besten Browser zwischen Microsoft und Netscape hat sich längst zum Kampf um den Desktop ausgeweitet. Die Techniker von Microsoft planen die Einführung des Active Desktop (aktiver Schreibtisch), der die Benutzeroberfläche von Windows 95 durch Microsofts Internet-Browser Explorer ersetzt. Durch den Active Desktop ist der Betreiber von firmeneigenen Intra-

---

[8] Vgl. Stein, Isidor; Mutig posaunt, ww 11/97, Seite 88
[9] Vgl. Fischer/Cole/Klein; Bills großes Abenteuer, iw 6/97, Seite 49

nets in der Lage exakt zu steuern was der Angestellte, und zwar ohne dessen zutun, auf dem Monitor präsentiert bekommt[10].

Netscape will mit dem Communicator, die Weiterentwicklung des Navigator, auch den lukrativen Markt für sogenannte Groupware-Programme wie Lotus Notes knacken, mit deren Hilfe Unternehmensgruppen gemeinsam Online Projekte betreuen können. Zudem aktualisiert sich das Programm ständig selbst[11]. Mit den neuen Versionen von Microsoft und Netscape geht allerdings die Kompatibilität der Browser verloren.

2.1.2.2 Die Plug-In-Architektur für Browser

Die Browser können außer HTML nur wenige Graphikformate direkt darstellen. Ältere Web-Browser haben viele Formen von Multimedia-Daten zunächst voll auf den Client heruntergeladen und dann die Kontrolle an spezielle Software übergeben, welche die Daten bearbeitet. In den neueren Versionen der Browser, ruft der Browser – abhängig vom Datentyp – speziell für diesen Einsatz geschriebene Software auf, welche den Datentyp bearbeiten. Charakteristisch für Plug-In's ist, daß sie eng mit dem Browser kooperieren und eventuelle Ausgaben im Browser Fenster angezeigt werden. Nicht für alle Datentypen stehen Plug-In's zur Verfügung[12].

2.1.2.3 Internet-Server

Die Zahl der Internet-Server hat sich in den letzten Jahren dramatisch erhöht. Die Zahl der intern genutzten Systeme soll inzwischen wesentlich schneller wachsen als die reinen Internet-Server. Die überwiegende Zahl von WWW-Servern basiert auf dem Betriebssystem UNIX.

Besonders populär ist der Apache-Server, der eigentlich eine verbesserte Version des NCSA-Servers ist. Als kommerzielles Produkt hat Netscape einen nennenswerten Anteil von 13,5 % erlangt, aber auch der Microsoft-

---

[10] Vgl. Stein, Isidor; Mutig posaunt, ww 11/97, Seite 88
[11] Vgl. Stein, Isidor; Mutig posaunt, ww 11/97, Seite 89
[12] Vgl. Surfas/Brown/Jung; HTML im Intranet (1997), Seite 907

Informationsserver steigert seinen Marktanteil zusehends auf ca. 10,2 %. Der Urvater aller HTTP-Server, der CERN-Server, ist immer noch mit 10,2 % vertreten[13].

Viele Server werden als Free- und Shareware angeboten werden, der Anteil der kommerziellen Angebote ist allerdings vor dem Hintergrund von Intranet und „electronic-commerce" sprunghaft gewachsen.

Merkmal/ Server	OS	Preis	GUI	Remote- Wartung	SSL	DBMS Anbindung	Protokolle
Apache	Unix/OS/2	$0	–	Ja	optional	–	http
NCSA	Unix	$0	–	Ja	–	–	http
NC Enterprise	WIN NT Unix	$0-$1225	Ja	Ja	Ja	Ja	http
Novell Web-Server	NetWare	$995	Ja	Ja	–	–	http
Microsoft IIS. 3.0	WIN NT/95	$0	Ja	Ja	Ja	Ja	http, ftp, gopher
IBM Connection 4.1	WIN NT, Unix, OS/2, MVS,AS	$0-$99	Ja	Ja	optional	–	http, shttp
Mac http	Apple Mac	$0-$95	Ja	Ja	–	–	http
Hype It	DOS	$549-1995	–	–	–	–	http
Amiga Web-Server	AMIGA	$0	–	–	–	–	http
Purveyor	Win, VMS Netware,	$295-$495	Ja	Ja	Ja	–	http

Abbildung 4: Vergleich ausgewählter WWW-Server[14]

Bei genauerer Untersuchung was die Server leisten, wird schnell klar, in welch großem Ausmaß das „look and feel" des World Wide Web (und des Intranet) „aus dem Browser kommt".

Die Aufgaben des Servers bestehen darin, vom Browser angeforderte Dateien (z.B. HTML-Seiten) auf seiner Festplatte zu finden und an den Browser zu senden. Falls „unterwegs" ein Fehler auftritt muß der Server die richtige Fehlermeldung dem Browser zukommen lassen. Manche Anforderungen des Be-

---

[13] Fochler/Perc/Ungermann; Lotus Domino 4.5 (1997), Seite 105
[14] Fochler/Perc/Ungermann; Lotus Domino 4.5 (1997), Seite 106

nutzers verlangen die Ausführung eines Programms. Der Web-Server lädt dann über die CGI-Schnittstelle das Programm und läßt es ausführen. Die WWW-Server werden dahingehend erweitert, die Anfragen direkt über eine Datenbankschnittstelle wie z.b. ODBC weiterzuleiten. Die Datenbanken werden befähigt, die Anfrage auszuwerten und ihre Antwort in HTML-Format umgesetzt, dem WWW-Server zur Verfügung zu stellen[15]. Der Server setzt das Ergebnis der Datenbankabfrage in HTML-Format um und gibt es dem Web-Browser zurück. Heutige Web-Server beinhalten alle möglichen Zusatzfunktionen, wie Beispielsweise Daten-Verschlüsselung und Client-Authentifizierung[16].

Es gibt einige Werkzeuge zur Erweiterung der Internet/Intranet-Server-Funktionalitäten wie z.b. Indexserver oder Datenbankanbindungen. Die Suche nach Informationen kann durch das bloße Verfolgen von Hyperlinks nicht sinnvoll gestaltet werden. Die hohe Zahl von Quellen und Autoren, die im WWW Informationen veröffentlichen, läßt sich ohne komfortable Recherchenmöglichkeiten nicht überblicken. Im Internet werden spezielle Server eingerichtet, die Datenbanken mit Indizes von WWW-Dokumenten verwalten. Die Indizes enthalten beispielsweise Autor, Datum und Titel, andere Systeme bilden Volltext-Indizes, die eine besonders flexible Suche erlauben. Für ein hochwertiges Informationsangebot ist Aktualität ein wichtiger Maßstab. Auch die beste graphische Präsentation täuscht nicht über veraltete Inhalte hinweg.

2.2 Datenkommunikation

2.2.1 LAN's und WAN's für das Intranet

LAN ist die Abkürzung für Local Area Network. LAN's zeichnen sich durch hohe Übertragungsraten aus. Sie sind für den Fall einsetzbar, daß die Computer, welche miteinander verbunden werden sollen, nicht sehr weit voneinander entfernt sind, d.h. in der Regel im selben Gebäude oder Industriepark befinden. Der Einsatz von LAN's ist nicht auf das Intranet beschränkt, vielmehr gibt es LAN's schon länger z.B. zur Realisierung von Client/Server-Lösungen mit PC und Unix-Anlagen und zur Verbindung mit dem Großrechner.

---

[15] Vgl. Fochler/Perc/Ungermann; Lotus Domino 4.5 (1997), Seite 111

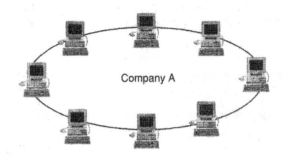

Abbildung 5: Ein Beispiel für ein Local-Area Network[17]

Ein weiterer großer Einsatzort eines Intranets ist auch der Betrieb eines WAN's (Wide Area Network). WAN's verbinden LAN's, die durch sehr große Entfernungen voneinander getrennt sind. Auch der Einsatz von WAN's ist nicht auf das Intranet beschränkt.

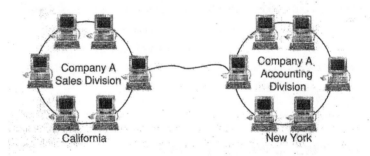

Abbildung 6: Ein Beispiel für ein Wide-Area Network[18]

Eine Alternative zu einem unternehmenseigenen WAN kann die Benutzung des Internets selbst sein. Viele Unternehmen, die Zweigstellen über große Entfernungen betreiben, versuchen ihren Datenverkehr über das Internet zu orga-

---

[16] Vgl. Surfas/Brown/Jung; HTML im Intranet (1997), Seite 102
[17] Servati/Bremner/Iasi; Die Intranet Bibel (1997), Seite 15
[18] Servati/Bremner/Iasi; Die Intranet Bibel (1997), Seite 15

nisieren. So stellt z.B. die Telekom die Verbindungen zu ihren Zweigstellen über das Internet her. Das Internet hat aber den Nachteil, daß es relativ langsam ist und ein Unternehmen die Geschwindigkeit kaum beeinflußen kann, während die Geschwindigkeit der unternehmenseigenen LAN's und WAN's vom Unternehmen steuerbar sind.

Da die Datensicherheit des Datentransfers über das externe Internet noch unsicher ist, scheuen sich noch viele Unternehmen in diesem Bereich aktiv zu werden. Jedoch werden zunehmend neue Technologien entwickelt, um die Sicherheit der Datenübertragung zu gewährleisten.

2.2.2 TCP/IP

Das Netzwerkprotokoll TCP/IP ist die Grundlage des Internet. Alle Anwendungen im Internet benutzen die Dienste von TCP/IP. TCP/IP ist dabei eine gemeinsame Bezeichnung für eine ganze Reihe sich ergänzender Protokolle. Jedes dieser Protokolle läßt sich einer Schicht (insgesamt sieben Schichten) des „Gesamtprotokolls" zuordnen.

Intranet Anwendungen	Multimedia-Server		Workflow/Prozeß-Anwendungen			Datawarehouse-Anwendungen				
	HTML Dokumentenserver		Datenbankgateways (SQL, proprietär)			Anwendungs-gateways (SAP, etc.)		Firewallsysteme (Intern/extern)		
	Suchwerkzeuge (Search-Engines)		Groupware Anwendungen			Autorenwerkzeuge		Intelligente Agenten		

Internet Anwendungen	Objektorientierte Technologien (Java, Active-X,etc.)								NFS (Dateien)	PMAP (Portmapper)	NIS (Yellow Pages)
									XDR		
	TELNET (Login)	FTP (Dateien-transfer)	SMTP (E-Mail)	HTTP (WWW)	NNTP (Network News)	HMMP (HyperMedia Management Protocol)	Gopher (Gopher)	DNS (Domain-Namen)	NTP (Zeit)	TFTP (Dateien-transfer)	RIP (Routing)	RPC (Remote Procedure Calls)

Transport-schicht	TCP		UDP	

Netzwerk-schicht	IP			

Abbildung 7: Die Intranet-Softwarearchitektur[19]

---

[19] Kyas, Othmar; Corporate Intranets (1997), Seite 49

Unter einem Protokoll sind die Regeln zu verstehen, nach denen die Kommunikation zwischen Computersystemen abläuft. Die Entwicklung von TCP/IP entstammt der Arbeit an dem damals militärischen APRANET in den USA[20].

Der Name TCP/IP leitet sich von den beiden wesentlichen Protokollen ab:
- Transmission Control Protocol (TCP)
- Internet Protocol (IP)

Die Funktionen dieser Protokolle werden weiter unten kurz erläutert.

In den modernen Computer-Netzwerken sind die Daten-Übertragungsfunktionen sehr komplex. Um die Komplexität besser beherrschen zu können, werden die Software-Funktionen in Layer aufgeteilt. Jeder Layer kommuniziert direkt nur immer mit dem darüber liegenden Layer. TCP/IP hat die folgenden Layers:

- Network Interface
- Internet
- Transport
- Anwendung

TCP ist ein paketorientiertes Protokoll, d.h. die Daten werden in Pakete zerlegt, welche vermischt mit Paketen anderer Datenübertragungen über die einzelnen Leitungen gesendet werden.

[20] Vgl. Fochler/Perc/Ungermann; Lotus Domino 4.5 (1997), Seite 34

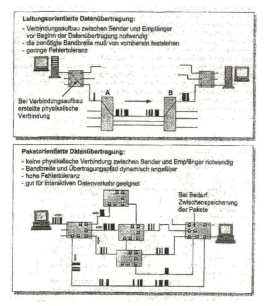

Abbildung 8: Leitungsorientierte und paketorientierte Datenübertragung[21]

IP liegt im Internet-Layer und ist vergleichbar mit der Briefpost. Es übernimmt für alle anderen Protokolle der TCP/IP-Familie die Verteilung der Datenpakete.

Das TCP liegt im Transport-Layer. Das TCP garantiert die Übersendung der Datenpakete, gewährleistet die Einhaltung der richtigen Reihenfolge und ist mit einer Prüfsumme ausgestattet, die die Anzahl der Pakete sowie die Vollständigkeit der Paketdaten prüft[22].

Im Anwendungs-Layer können Anwendungen laufen die nicht zum TCP/IP gehören, TCP/IP stellt aber auch Standardanwendungen zur Verfügung. Die wichtigsten Standardanwendungen sind:

---

[21] Kyas, Othmar; Corporate Intranets (1997), Seite 31
[22] Vgl. Mocker, H & U; Intranet-Internet im betrieblichen Einsatz (1997), Seite 43

Telnet

Telnet ermöglicht dem Anwender sich an einem entfernten Computer einzu-
loggen und dort Kommunikations-Anwendungen auszuführen, so als ob er direkt an diesem Computer eingeloggt wäre[23].

FTP (File Transfer Protokoll)

Mit dem File Transfer Protokoll kann der Anwender Dateien von einem Com-
putersystem zu einem anderen transferieren[24].

NFS (Remote File Access)

Mit NFS kann ein Programm Dateien auf entfernten Systemen genauso anspre-
chen wie auf einer lokalen Festplatte.

2.2.3 HTTP, CGI, URL

Während der Einsatz von TCP/IP weit über das Internet hinausgeht sind HTTP
(HypertText Transfer Protokoll) und CGI (Common Gateway Interface) spezielle Internet-Protokolle.

Mit HTTP wird die Kommunikation zwischen WWW-Clients und WWW-
Servern geregelt. Bei dem HTTP-Protokoll handelt es sich um ein zustandloses
Protokoll. Dies bedeutet, daß die Übertragung eines jeden Datenpaketes zwischen Sender und Empfänger völlig unabhängig vom zuvor übertragenen Da-
tenpaket erfolgt.

WWW-Server sind nicht nur in der Lage rein passive Informationen in beliebiger Form zur Verfügung zu stellen, sondern auch mit Hilfe von sogenannten
Gateway-Programmen interaktive Funktionen auszuführen[25]. Das CGI ist das
Gateway, das vom Server verwendet wird, um eine Kommunikationsschnitt-
stelle mit anderen Applikationen als den Browsern einzurichten. Auf diese
Weise funktioniert CGI als ein Link zwischen der jeweils benötigten Applika-
tion und dem Server, während der Server auf der anderen Seite die Aufgabe hat

---

[23] Vgl. Alpar, Paul; Kommerzielle Nutzung des Internet (1996), Seite 74
[24] Vgl. Fochler/Perc/Ungermann; Lotus Domino 4.5 (1997), Seite 56

die Informationen vom Browser entgegenzunehmen und Daten an ihn zurück-
zuschicken.

URL steht für Uniform Resource Locator und ist vergleichbar mit einer ge-
normten postalischen Adresse. Der URL ermöglicht es, von jedem Punkt des
Internets aus, angeschlossene Computer auf einfachste Art und Weise anzu-
sprechen. Das Schema des URL wird in der folgenden Abbildung verdeutlicht:

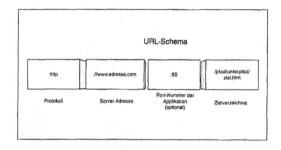

Abbildung 9: URL-Schema am Beispiel HTTP[26]

2.2.4 CORBA (OMG), DCOM (Microsoft)

Die größte Chance für die Weiterentwicklung der Internet/Intranet-
Technologie ist die Integration von verteilten Objekttechnologien[27]. Auf diese
Weise können Client/Server-Anwendungen und der Zugriff auf IBM-
Großrechner realisiert werden.

CORBA (Common Object Request Broker Architecture) von OMG und
DCOM (Distributed Component Object Model) von Microsoft sind die größten
Konkurrenten auf dem Markt der verteilten Verarbeitung. Mit CORBA und
DCOM können auch allgemeine verteilte Anwendungen realisiert werden, d.h.
Anwendungen deren Teilprozesse auf den einzelnen Anlagen nicht in Client
oder Server aufgeteilt werden können.

---

[25] Vgl. Kyas, Othmar; Corporate Intranets (1997), Seite 168
[26] Fochler/Perc/Ungermann; Lotus Domino 4.5 (1997), Seite 54
[27] Fochler/Perc/Ungermann; Lotus Domino 4.5 (1997), Seite 124

Die verteilte Verarbeitung macht das 3-Tier-Modell möglich. Beim 3-Tier-Modell liegt die graphische Benutzeroberfläche, die Ablauflogik und die Datenbank jeweils auf eigenen Anlagen[28].

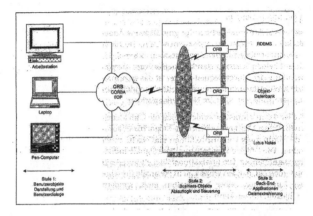

Abbildung 10: Darstellung eines ORB's[29]

CORBA spezifiziert die Art, wie verteilte Anwendungen technisch realisiert werden sollen, es stellt kein Softwaresystem dar. Realisiert wird CORBA von den einzelnen Firmen wie z.B. SUN, IBM und Iona. Microsoft geht mit DCOM einen eigenen Weg. DCOM ist primär auf den Windows Betriebsystemen realisiert. Die Software AG will dieses System aber auch auf anderen Betriebsysteme plazieren[30].

2.3 Datenbanksysteme

Hierachische Datenbanksysteme sind ein Relikt der Vergangenheit, den relationalen Datenbanken gehört die Gegenwart. In der Zukunft werden vermutlich objektorientierte Datenbanksysteme große Bedeutung gewinnen.

---

[28] Vgl. Fochler/Perc/Ungermann; Lotus Domino 4.5 (1997), Seite 126
[29] Fochler/Perc/Ungermann; Lotus Domino 4.5 (1997), Seite 126
[30] Vgl. Fochler/Perc/Ungermann; Lotus Domino 4.5 (1997), Seite 131

Die relationalen Datenbanksysteme haben vom Benutzer her gesehen einen einfachen Aufbau. Diese Datenbanksysteme sind dadurch für die Speicherung komplexer Daten wenig geeignet. Ein Datenbanksystem enthält im Normalfall viele einzelne Datenbanken, eine Datenbank besteht in der Regel aus mehreren Tabellen, die wiederum aus mehreren Zeilen bestehen. Die Tabelle spezifiziert die Felder, welche die Zeilen einer Tabelle enthalten, alle Zeilen einer Tabelle enthalten die gleichen Felder.

Die Zugriffsoperationen stellen nicht nur Daten zur Verfügung, sondern können auch die Operationen der relationalen Algebra sowie die Tabellenzeilen anwenden[31]. Daraus ist der Name „relationale" Datenbanken abgeleitet.

Die Sprache, mit welcher primär der Datenbankzugriff und die Datenbankmanipulation durchgeführt wird, heißt SQL (Structured Query Language). SQL ist relativ komplex und für einen normalen Anwender schwer zu handhaben. Deshalb werden dem Anwender oft graphische Oberflächen angeboten, in welchen er Datenbankzugriffe in einfacherer Weise spezifizieren kann. Durch Software werden diese Spezifikationen dann in SQL umgesetzt.

Die objektorientierte Philosophie betrachtet die Daten und die Funktionen, welche die Daten bearbeiteten, zusammen. Diese Kombination von Daten und Funktionen wird Objekt genannt. Durch die Klassen werden Typen von Objekten festgelegt, die Objekte einer Klasse enthalten die gleichen Datenfelder, jedoch normalerweise mit unterschiedlichem Inhalt und zu den Objekten einer Klasse gehören die gleichen Funktionen. Die Lebenszeit eines Objektes kann auf einen Programmablauf beschränkt sein oder über den Ablauf eines einzelnen Programms hinausgehen, man spricht dann von persistenten Objekten. Eine objektorientierte Datenbank besteht aus persistenten Objekten. Die durch Objekte dargestellten Daten können komplexer sein als die Daten in relationalen Datenbanken. Deshalb werden objektorientierte Datenbanken oft in solchen Bereichen angewandt, in welchen komplexe Daten zu verwalten sind wie z.B.

---

[31] Vgl. Date, C.J.; Relational Database: Selected Writings (1986), Seite 27

Konstruktionsdaten, Software-Entwicklungsdaten u.ä.[32]. Die objektorientierten Datenbanken sind aber allgemein einzusetzen.

2.4 Client-Konfigurationen für das Internet/Intranet

2.4.1 PC's mit den Betriebssystemen: Windows, OS/2, Apple Macintosh

Die Einführung von PC's wurden anfangs als Emanzipation von der zentralen Datenverarbeitung begrüßt. Die PC's arbeiteten zunächst meist jeder auf sich allein gestellt oder aber sie emulierten die Terminals der Großrechnersysteme. Es zeigte sich aber in Betrieben mit mehreren PC's bald, daß es nicht sinnvoll ist die PC's völlig unabhängig arbeiten zu lassen, z.Z. sind die PC's in den Betrieben noch überwiegend vernetzt.

Als der Internet-Boom begann, hat man oft - aufbauend auf der schon vorhandenen Vernetzung - die PC's durch Einsatz zusätzlicher Software internetfähig gemacht. Insbesondere sind hier TCP/IP und Browser zu nennen.

2.4.2 Net Computer/NC (Sun, Oracle)

„August 1996 haben die Visionäre des Netz-Computers (NC), allen voran Oracle und Sun, etwas eingefädelt, was nun Realität werden soll. Schlanke Computer, denen das Netz Intelligenz einhaucht, läuten zum Sturm auf die Wintel-Bastion mit ihren fetten PC's und ihrer feisten Software[33]."

Ein NC (Network Computer) ist im wesentlichen ein stark abgespeckter PC ohne eigenen Massenspeicher und Diskettenstationen, der allerdings einen vollwertigen Internet- (oder Intranet-) Client darstellt. Indem sein Betriebssystem die notwendigen Fähigkeiten zur Nutzung der Internet-Dienste zur Verfügung stellt, und der eigene Massenspeicher durch reservierte Bereiche auf dem Server ersetzt wird, sind seine Möglichkeiten kaum eingeschränkt[34].

---

[32] Vgl. Gupta/Horowitz, Editors; Object-Oriented Database with Applications to.. (1991),S.117
[33] Siering/Brenken; Dick oder doof, c't 3/97, Seite 218
[34] Vgl. Fochler/Perc/Ungermann; Lotus Domino 4.5 (1997), Seite 138

Die Sprache der NC's ist Java. Die Programme werden überwiegend in HTML-Seiten referenziert und zur Anwendung vom Server auf den Client heruntergeladen. Man nennt diese Programme Applets. Um den Aufwand des Herunterladens zu verringern, strebt man an, nicht große und umfassende Programme zu entwickeln, wie dies bei Windows-Programmen der Fall ist, sondern die Aufgaben in kleine Programme aufzuteilen, welche bei Bedarf geladen werden. Die Programme werden zwar kompiliert, aber dabei nicht in Maschinencode umgesetzt, sondern in eine vom speziellen Betriebssystem unabhängige Zwischenform (Byte Code). Der wichtigste Punkt auf der Feature-Liste markiert eine Virtual Machine, denn erst sie ermöglicht ein selbständiges Ausführen von aus dem Netz bezogenen Software-Komponenten. Ebenso wichtig ist ein geeigneter Server, ohne den ein NC im Vergleich zum PC wertlos ist. Genügt die Bandbreite des Netzes oder die Leistung des Servers nicht, schleppt sich die Arbeit unnötig lang dahin[35].

Die von den Visionären in Aussicht gestellte Kostenersparnis des NC im Vergleich zum PC von 70 Prozent muß in Frage gestellt werden, denn bei der Bewertung der Kosten ging man im PR-Höhenflug doch allzu blauäugig vor.

2.4.3 NetPC (Microsoft, Intel)

NetPC's sind eine Reaktion von Microsoft und Intel auf die NC's. Der NetPC wird von Intel und Microsoft als neue Klasse von Personalcomputern definiert, die speziell für den Einsatz in Unternehmen entwickelt wurde[36]. Charakteristisch ist die Beibehaltung des propretären Window Betriebssystems und der Intel-Hardware. Flexibilität und Ausbaufähigkeit wird zugunsten einer aufgabenspezifischen Optimierung eingeschränkt. Zielsetzung ist die Senkung der Betriebskosten vernetzter Buisines-PC's[37]. Die Kostenreduzierung soll überwiegend durch zentrale Administration der PC's erreicht werden.

---

[35] Vgl. Siering/Brenken; Dick oder doof, c't 3/97, Seite 219
[36] Vgl. Arndt, Martin; Grundlage für die PC-Industrie, cs 6/97, Seite 22
[37] Vgl. Arndt, Martin; Attacke gegen die NCs, cs 2/97, Seite 24

Der NetPC enthält typische PC-Komponenten, sämtliche verfügbare Windows Software soll unter ihm laufen, und die erforderlichen oder gewünschten Netzwerkkomponenten. Der Anwender selber hat keine Möglichkeit, das Funktionsspektrum seines Geräts zu erweitern oder seine Applikationen zu modifizieren[38].

Der aktuelle NetPC unterscheidet sich jedoch kaum von einem herkömmlichen PC, er ist noch sehr der alten Welt verhaftet und auch die niedrigen Hardware-kosten wurden noch nicht realisiert. Bei Microsoft arbeitet man (zusammen mit den Firmen Citrix und Prologue) allerdings an einem Konzept für „echte" Netzcomputer[39]. Es stellt sich jedoch immer mehr heraus, daß die Net-PC's nur ein Marketing Trick sind, um die Ausbreitung des NC's zu behindern[40].

2.4.4 Kostenvergleich für die 3 Konfigurationen

	PC	NETWORK COMPUTER	NETPC
EQUIPMENT OUTLAY	$1,850	$980	$1,733
TECHNICAL SUPPORT	1,066	870	970
ADMINISTRATION	945	440	422
END-USER OPERATIONS	3,464	1,799	2,073
DESKTOP ANNUAL COSTS	7,325	4,089	5,198
NETWORK EQUIPMENT OUTLAY	682	689	664
NETWORK TECH SUPPORT	638	611	567
NETWORK ADMINISTRATION	552	230	406
NETWORK END USER	588	392	434
NETWORK ANNUAL COSTS	2,460	1,922	2,071
TOTAL COSTS	9,785	6,011	7,267

Abbildung 11: Kostenvergleich für die drei Konfigurationen[41]

---

[38] Vgl. Annuscheit, Rainer; Markt für NCs schwer einschätzbar, cs 4/97, Seite 12
[39] Vgl. Hüskes, Ralf; Windows everywhere, iX 8/97, Seite 14
[40] Sommergut, Wolfgang; Das NC-Konzept..........., cw 37/97, Seite 24
[41] Sager, Ira; A Bare-Bones Box for Business (1997), bw May 26, 1997, Seite 68

2.5 Entwicklungsstufen des World Wide Web

Stufe 1

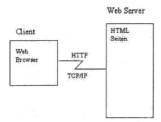

Stufe 1 stellt dem Client statische Webseiten zur Verfügung. Stufe 1 dient also zum Bereitstellen von vorgefertigten Informationen jeglicher Art. Mithilfe eines Browser kann der Benutzer die Seiten am Bildschirm anzeigen, drucken oder in eine Datei speichern. Es ist aber keine Interaktion mit der Seite möglich. Nur durch Anklicken von Hyperlinks ist eine gewisse Interaktion möglich.

Stufe 2

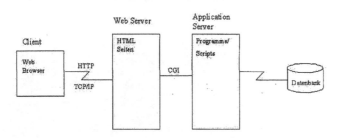

In Stufe 2 werden HTML-Seiten dynamisch erstellt. Um z.B. eine Datenbank Abfrage auszuführen, füllt der Benutzer ein HTML-Formular aus, das der Browser dann zum Web-Server sendet. Der Web-Server schickt die Anforderung über ein Gateway (CGI) an den Application Server. Der Application Server übersetzt die Anforderung in eine SQL-Anweisung und ruft damit die Datenbank auf. Der Application Server formatiert das Resultat als HTML-Seite. Über den Web-Server wird die Seite dann an den Client gesandt und dem Benutzer am Bildschirm angezeigt.

Stufe 3

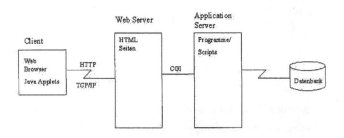

In Stufe 3 wird der Client ergänzt durch Java Applets, die vom Web-Server geladen werden. Dadurch ist eine dynamische Interaktion zwischen Benutzer und HTML-Seite möglich. So kann z.B. die Eingabe des Benutzers formal überprüft werden oder die Ausgabe am Bildschirm - durch den Benutzer veranlaßt - modifiziert werden. Über das Java Applet könnten auch weitere Programme aufgerufen werden wie z.B. eine Tabellenkalkulation.

Stufe 4

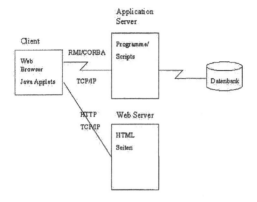

Stufe 4 realisiert eine allgemeine Client/Server Architektur zwischen Java Applet und Application-Server. Der Web-Server hat die Aufgabe, Menüs anzubieten und die gewünschten Applets dem Client zur Verfügung zu stellen.

Soweit auf dem Aplication-Server Java Programme laufen, kann die Kommunikation zwischen Client und Application-Server mit RMI (remote method invocation) erfolgen, im allgemeinen Fall kann die Kommunikation mittels CORBA realisiert werden.

Stufe 5

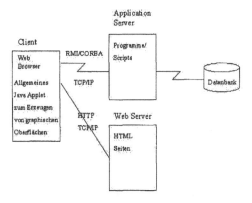

In Stufe 5 ist nur das Programm auf dem Server anwendungsbezogen. Die graphische Oberfläche wird auf den Client übertragen und dort durch ein allgemeines Java Applet dargestellt.

2.6 Standardsoftware für Internet/Intranet

2.6.1 e-mail

Elektronische Post (Electronic Mail, E-Mail) repräsentiert den wohl am häufigsten genutzten und am weitesten verbreiteten Dienst des Internets. Mit Einführung des Intranet in den neunziger Jahren entwickelte sich e-mail im professionellen Bereich zum unentbehrlichen Kommunikationsmedium, das heute zunehmend Telefax, Telefon und Postbriefe ablöst. 1995 wurden in Deutschland mit etwa neun Milliarden Postbriefen im Vergleich zu sechs Milliarden elektronischen Sendungen (Fax, E-Mail) noch deutlich mehr Nachrichten über herkömmliche Wege transportiert als über Datennetze. Nach Schätzungen der Bundespost werden im Jahr 2000 6 Milliarden herkömmlich transportierte Briefsendungen über 13 Milliarden elektronische Sendungen gegenüberstehen[42].

---

[42] Kyas, Othmar; Corporate Intranets (1997), Seite 241

Die Elektronische Post dient der Übermittlung von Nachrichten und Informationen zwischen zwei oder mehreren Kommunikationspartnern[43]. Vielfach wird sie mit der Briefpost oder dem Telefax verglichen, jedoch erschließt e-mail weitere vielfältige Möglichkeiten. Die gesendeten Nachrichten können gespeichert bzw. eventuell geändert, oder auch einfach nur weitergeleitet werden. Als Adressat kann ein einzelner Kommunikationspartner in Frage kommen, die Sendung kann ebenfalls einem größeren Personenkreis (z.B. Diskussionsgruppen, allen Mitarbeitern einer Firma usw.) zugänglich gemacht werden. Denkbar ist, daß e-mails auch an Empfänger gesendet werden, welche keinen Computer haben. Die e-mail-Nachricht kann, im Sekretariat ausgedruckt, dann dem Empfänger über die Hauspost zugestellt werden. E-mail ist nicht nur ein Ersatz für die übliche Briefpost sondern auch noch für das Telefonieren. Soll jemand telefonisch kontaktiert werden, wird häufig die Erfahrung gemacht, daß dieser sich nicht an seinem Platz befindet oder sein Apparat besetzt ist. Durch e-mail kann der Sender jederzeit eine Nachricht abschicken und der Empfänger kann diese lesen, sobald die dafür erforderliche Zeit vorhanden ist.

Die elektronische Post führt auch zu einer Änderung der Verhaltensweise beteiligter Personen. In elektronischen Nachrichten fällt es ihnen erheblich leichter, spontane Ideen oder extreme Ansichten zu vertreten. Dies führt auch dazu, daß in Diskussionsgruppen viel mehr Wert auf den Inhalt der Beiträge gelegt wird, als auf Positionsautorität des Vortragenden. Mögliche Synergieeffekte können durch neue Wege der Informationsbeschaffung erzielt werden, indem auftretende Fragen einfach an bestimmte Personengruppen gesendet werden und Antworten innerhalb kürzester Zeit möglich sind. Der Erfolg dieser Informationsbeschaffung hängt allerdings einzig und allein vom good-will aller Teilnehmer ab.

---

[43] Vgl. Alpar, Paul; Kommerzielle Nutzung des Internet (1996), Seite 49

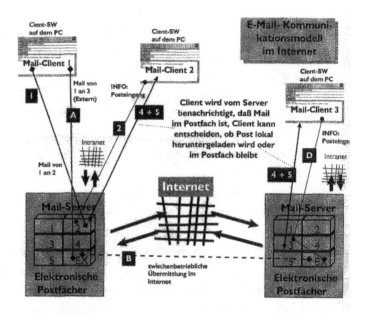

Abbildung 12: Kommunikationsmodell e-mail[44]

2.6.1.1 Struktur einer e-mail Nachricht

Die Elektronische Post zerfällt, – konzeptionell gesehen - wie der konventionelle Brief, in zwei Bestandteile. Zum einen in den Nachrichtenteil an sich (im Internet/Intranet bezeichnet als *Body* oder *Text*), zum anderen in den Briefumschlag, der die für den Versand benötigten Informationen des Senders sowie des Adressaten enthält, hier bezeichnet als *header*.

2.6.1.2 e-mail Adresse

Sowohl beim Versand eines normalen Briefes als auch beim Verschicken einer e-mail gilt als Grundvoraussetzung die Angabe der richtigen Adresse, diese wird in dem Term *user@domian* spezifiziert. *User* identifiziert den Benutzer und *domain* steht für das System (Rechner, Host o.ä.), für das der Anwender einen Rechnerzugang besitzt.

---

[44] Mocker, H. u. U.; Intranet-Internet im betrieblichen Einsatz (1997), Seite 70

2.6.1.3 Adreßbuch

Namen und Anschriften von Adressaten können in einem elektronischen Adreßbuch gespeichert werden. Beim Versenden eines Briefes können diese Angaben automatisch aus dem Adreßbuch als Adresse in die e-mail übernommen werden. Ein Name ist in der e-mail Adresse mit vorgesehen, hat aber keine besondere Funktion und ist optional.

2.6.1.4 Das Anhängen von Dateien an e-mail, die Übertragung binärer Daten

Beim Versenden per e-mail können an den Text der Nachricht zusätzliche Dateien angehängt werden. Diese müssen – im Gegensatz zum eigentlichen Text der Nachricht – nicht unbedingt aus ASCII-Text bestehen, vielmehr können diese Dateien beliebige binäre Daten enthalten. Beim Empfang dieser Nachrichten können diese Dateien auf der Festplatte des Empfängers gespeichert werden. Danach stehen sie zum ver- oder bearbeiten zur Verfügung..Dies erfolgt durch Programme, die zu dem jeweiligen Binärtyp gehören. Auch Programme selbst können so übertragen werden.

2.6.2 Newsgroups

Das USENET besteht aus über 15.000, sich mit unterschiedlichen Themenbereichen befassenden Diskussionsgruppen (Newsgroups). In vielen dieser Newsgroups erscheinen pro Tag mehrere Dutzend oder sogar Hunderte neuer Artikel von Internet-Nutzern mit ähnlichen Interessen auf der ganzen Welt[45]. In diesen Newsgroups können Tips zu bestimmten Themen eingeholt oder auch Meinungen ausgetauscht werden. Einzelne Gruppen werden unter ihrem Gruppennamen in einer Liste aufgeführt.

Mittlerweile sind Newsgroups auch im firmeneigenen Netz (Intranets) immer mehr im Einsatz. Hier können z.B. technische oder organisatorische Probleme

---

[45] Vgl. Wallrafen, Volker; Diskussionen ohne Grenzen, pc 13/97; Seite 108

diskutiert werden. Besonders interessant ist diese Möglichkeit für Unternehmen, die über ein weit verzweigtes Netz von Tochter- oder Schwester-Unternehmen verfügen. Durch diesen Dienst können die neuesten Entwicklungen oder Trends in den verschiedenen Bereichen einer Unternehmung diskutiert werden.

Um fremde Artikel lesen zu können oder eigene in Newsgroups zu veröffentlichen, wird ein Anwenderprogramm, der Newsreader, benötigt. Interessiert sich der Anwender für eine spezielle Newsgroup, kann der Newsreader sich diese Gruppe merken (abonnieren). Hierdurch wird eine einfache Verbindung zu der bevorzugten Diskussionsgruppe ermöglicht. Durch die Nutzung eines Offline-Newsreader kann viel Geld gespart werden; mit ihm können alle interessanten Artikel markiert, heruntergeladen und später in aller Ruhe offline gelesen werden.

2.6.3 HTML

Die HTML (Hyper Text Markup Language) ist das Standarddokumentenformat im WWW und wurde speziell für diese Anwendung entwickelt. Bei ihr handelt es sich um eine Spezialform der SGML – Sprache (Structured Generalized Markup Language) mit spezieller Ausrichtung auf Hypertext – Funktionen. SGML ist normiert und wird immer mehr zum internationalen, standardisierten Dokumentenaustausch, vor allem für die Dokumentation und Beschreibung von technischen Systemen (z.B. Flugzeuge) genutzt[46].

HTML enthält ASCII-Texte sowie Commands, welche Tags genannt werden. Mit diesen Tags wird der Text in Überschriften, Paragraphen, Listen u.ä. strukturiert. Durch die Nutzung von Formatvorlagen können den Tags Schriftarten, Farben und Größen sowie viele andere Designelemente hinzugefügt werden. Welche Web-Seite aufgerufen wird, spezifiziert ein sogenannter URL (Uniform Resource Locator). Die URL's werden auch als Seitenadresse bezeichnet. Ein URL besteht aus drei Informationen, die zur eindeutigen Bezeichnung eines Objektes im Internet notwendig sind, zum einen das zu benut-

---

[46] Vgl. Mocker, H & U; Intranet-Internet im betrieblichen Einsatz (1997), Seite 54

zende Protokoll, als zweites die Internetadresse des Servers, sowie den Pfad und den Dateinamen des betreffenden Objektes. Die HTML Dokumente sind plattformunabhängig, da sie aus reinem ASCII-Text bestehen. Plattformabhängig ist allein der Browser, der die HTML Sprache graphisch umsetzt.

Damit umfangreiche Intranet-Angebote professionell verwaltet werden können, müssen zusammen mit jeder HTML-Seite Zusatzinformationen verarbeitet werden. Dazu zählen Verfasser, Zugriffsberechtigungen zum Lesen, Ändern oder Löschen der Informationen, Erstellungs-, Eröffnungs- und Verfallsdatum sowie Angaben über die Hyperlinks. Es wurde inzwischen ein Server entwickelt, der all diese Informationen zusammen mit den Seiteninhalten in einer Datenbank speichert[47].

2.6.3.1 Inhalte eines HTML-Dokumentes

Ein HTML-Dokument beginnt und endet mit dem <HTML>-Tag. Es besteht aus Kopf- und Textteil. Der Kopfteil beginnt und endet mit dem <HEAD>-Tag, der Textteil beginnt und endet mit dem <BODY>-Tag.

Der Kopf stellt den Dokumenten-Titel zur Verfügung und baut Verbindungen zwischen HTML-Dokument und Dateiverzeichnis auf. Der Dokumentenkopf kann auch den Browser veranlassen, das Dokument für spätere Suchvorgänge zu indexieren[48].

Der Textteil kann die HTML-Tags <H1> bis <H6> enthalten, sie dienen zur Spezifikation von Überschriften der verschiedenen Stufen. Mit ADDRESS-Element lassen sich die Kontaktadresse des Autors oder andere Informationen über das Dokument formatieren. Absätze werden mit dem <P>-Tag gekennzeichnet. Die Formatierung der Zeichen kann in einem HTML-Dokument logisch und typographisch erfolgen. Die Hyperlinks im Dokumentenformat HTML bieten die Möglichkeit, Informationen im Internet strukturiert anzubieten, und die vorhandene Informationsfülle übersichtlicher zu gestalten. Hyper-

---

[47] Vgl. Sinn, Dieter; Professionelle Intranets sind ....., cw 27/97, Seite 46
[48] Vgl. Surfas/Brown/Jung; HTML im Intranet (1997), Seite 135

textdokumente sind Textdateien, die über Links (Schlüsselwörter) mit anderen Dokumenten verbunden sind. Werden genauere Informationen zu einem Thema gewünscht, kann das entsprechende Hyperlink angeklickt werden und schon gelangt man zu weiteren (detaillierteren) Informationen [49].

Eine Reihe von Grafikformaten sind ebenso Bestandteil der offiziellen HTML-Spezifikation, die drei wichtigsten Formate sind GIF, X-Bitmap und X-Pixelmap[50]. Das am weitesten verbreitete Format im World Wide Web ist das GIF-Format, es analysiert zunächst das Original und ermittelt schließlich die 256 Farben, mit denen das Bild am besten dargestellt werden kann. Ein weiteres Grafikformat ist das JPEG, dieses wird allerdings z.Z. standardmäßig nur von wenigen Browsern unterstützt. Bis zu 16 Millionen Farben können von JPEG dargestellt werden. Durch das Kompressionsverfahren, welches eine Datei deutlich verkleinert, gehen allerdings einige Informationen (aus dem Original) verloren.

Eines der wirkungsvollsten Verfahren zur Informationsdarstellung sind Listen, da sie funktional und leicht lesbar sind. HTML verfügt über Container-Elemente zur Erstellung von Listen, die miteinander kombiniert werden können, um hierdurch eine Vielzahl von Darstellungs- und Organisationsvarianten zu realisieren[51]. Weitere wichtige Werkzeuge zur Gestaltung von HTML-Seiten sind Frames, mit ihnen läßt sich der Bildschirm in unabhängige und veränderbare Fenster teilen.

---

[49] Vgl. Alpar, Paul; Kommerzielle Nutzung des Internet (1996), Seite 95
[50] Vgl. Kyas, Othmar; Corporate Intranets (1997), Seite 189
[51] Vgl. Surfas/Brown/Jung; HTML im Intranet (1997), Seite 211

Abbildung 13: HTML-Seite mit Frame-Elementen[52]

Mit dem HTML-Element TABLE können Tabellen in WWW-Seiten integriert werden, die sich durch zusätzliche Elemente genauer definieren lassen.

---

[52] Kyas, Othmar; Corporate Intranets (1997), Seite 213

Abbildung 14: Beispiel für eine HTML-Seite[53]

```
<HTML>
<HEAD>
<TITLE>Demopage</TITLE>
</HEAD>

<BODY>
<H2><IMG SRC="mh.gif">Ein Bild von uns.</H2>
<HR>
Dies ist ein Beispiel f&uuml;r eine (sehr einfache) Homepage, wie sie
ein <A HREF="http://www.netcologne.de/">NetCologne</A> User anlegen
k&ouml;nnte. Neben normalem Text sind Links und eine Grafik eingebaut.<P>
Eine Liste kann auch Links enthalten.
<UL>
   <LI><A HREF="http://www.microsoft.de/">Microsoft</A>
   <LI><A HREF="http://www.wdr.de/">WDR</A>
   <LI><A HREF="http://www.netcologne.de/mh/">Verlag Alexander M&ouml;nch
       und Oliver Haase GbR</A>
   <LI>Dies ist kein Link.
</UL>
</BODY>
<HR>
<ADDRESS>Verlag M&ouml;nch und Haase GbR</ADDRESS>
</HTML>
```

Abbildung 15: Beispiel Seite in HTML-Kodierung[54]

---

[53] Mönch, A., Haase, O.; Inter Net Cologne (1997), Seite 42
[54] Mönch, A., Haase, O.; Inter Net Cologne (1997), Seite 43

2.6.3.2 HTML-Formulare

HTML-Formulare sind dazu gedacht, Informationen und Feedback zu sammeln. In gleicher Weise wie HTML viele Mechanismen dazu liefert, Informationen auszugeben, ermöglichen HTML-Formulare die Eingabe von Informationen. Diese Formulare können dazu verwendet werden, freie Textinformationen anzunehmen, Antworten auf Ja/Nein-Fragen zu erhalten und Antworten aus einer Reihe von Optionen zu erhalten[55]. Die Entwicklung von Formatvorlagen, die in der Textverarbeitung schon seit Jahren zum Standard gehören, gilt als großer Fortschritt im Reifeprozeß des Intranet-Web. Sie bieten dem Designer von HTML-Seiten eine Reihe von Variationen für die optische Darstellung von HTML-Formularen.

Die Erstellung eines HTML-Formulars beginnt mit dem HTML-Befehl <FORM>. Über verschiedene Eingabemasken lassen sich die unterschiedlichsten Optionen nutzen. Zusätzlich zu dem HTML-Formular muß ein dazugehöriges Serverprogramm (CGI-Programm) erstellt werden. Der Versand des Formulares wird durch den <SUBMIT>-Tag eingeleitet. Anschließend wird das Formular an das zugehörige, sich auf dem WWW-Server befindliche CGI-Programm, weitergeleitet.

2.6.4 Die Office Pakete und das Internet/Intranet

Mit Einführung des Office 97, daß nahtlos an die bereits vorhandene Infrastruktur und vorhandenen Technologien anknüpft[56], setzt Microsoft die Öffnung zum Internet konsequent fort. Auch ein „Internetfrischling" kann sich leicht in das Programmpaket des Intra- und Internet einarbeiten. Zu den Bestandteilen des Office 97 zählen Word, Excel, PowerPoint, Outlook und Access.

Bei Word für Windows 95 handelt es sich um ein Textverarbeitungsprogramm, daß höchsten Ansprüchen gerecht wird. Tabellen und Diagramme lassen sich

---

[55] Vgl. Surfas/Brown/Jung; HTML im Intranet (1997), Seite 574

mit dem Tabellenkalkulationsprogramm Excel erstellen und ohne Probleme in ein Word-Dokument integrieren. Mit dem Programm PowerPoint lassen sich Grafiken erstellen. Es verfügt über eine große Anzahl von Designelementen und Farben. Weitere Bestandteile des Office 97 sind das Organisationsprogramm Outlook sowie das Programm Access, mit dem sich Daten aller Art verwalten lassen.

Neu im Office 97 sind zusätzliche Werkzeuge zur Weiterentwicklung und vollständigen Nutzung der Möglichkeiten des Web. Mit der Web-Symbolleiste können die Adressen häufig genutzter Web-Sites gespeichert und die Seiten dann einfach aufgerufen werden. Dokumente können mit Hyperlinks versehen werden, dies ermöglicht ein müheloses Bewegen durch die einzelnen Dokumententypen[57]. Dies schafft nun einen nahtlosen Übergang, um ein Dokument (z.B. Word, Excel) mit Hilfe des Browsers wie eine HTML-Seite anzuzeigen. Ebenso lassen sich Office Dokumente problemlos in HTML umsetzen. Allerdings sind beim Umsetzen meist Nachbearbeitungen notwendig, da mit HTML nicht alle Formatierungen der Office Dokumente realisiert werden können. Word kann auch als Werkzeug zum direkten Erstellen von HTML benutzt werden.

Zu den größten Konkurrenten von Office 97 gehört das Office-Paket des kanadischen Herstellers Corel, daß vor allem in Nordamerika weitverbreitet ist. Auch die IBM-Tochter Lotus beansprucht für ihre Smart Suite mittlerweile einen weltweiten Marktanteil von 25 Prozent. Auf dem Deutschen Markt ist seit 1995 die Hamburger Firma Star Division der größte Konkurrent von Microsoft. Microsoft bleibt trotz der starken Konkurrenz weiterhin Marktführer, obwohl alle Konkurrenten die Integration der Internet/Intranet-Technologie in ihren Produkte vorangetrieben haben.

Anfang 1996 kaufte Corel von Novel das Büropaket WordPerfect und brachte inzwischen die Version 7 heraus. In der Standardversion WordPerfect Suite 7 von Corel sind zunächst die Textverarbeitung WordPerfect, die Tabellenkal-

---

[56] Vgl. Mocker, H & U; Intranet-Internet im betriebswirtschaftlichen Einsatz (1997), Seite 216
[57] Vgl. Arbeiten mit dem Microsoft Office 97, Seite 10

kulation Quattro Pro und das Präsentationsprogramm Presentations enthalten. Als Zugabe gibt es Corel-FLOW, um Flußdiagramme und technische Zeichnungen zu gestalten, den Personal Information Manager Sidekick 95 und den Desktop-Organizer Dashboard 95. Envoy schließlich gestattet es, Online-Handbücher zu publizieren.

Mit dem Slogan „Lassen Sie das Internet für sich arbeiten" wirbt Corel für die Internet-Funktionen, diese sind vor allem in WordPerfect enthalten. Quattro Pro und Presentations sind immerhin in der Lage, Dokumente als HTML-Files zu speichern. Bei der Gestaltung von Homepages hilft ein Assistent, so daß mit wenigen Handgriffen einfache Seiten gestaltet werden können. Um diese zu verschönern, liefert Corel eine Vielzahl von Hintergründen und eine „Unmenge" an Cliparts mit. Cascaded Stylesheets und Frames unterstützen das Programm jedoch ebensowenig wie Microsofts neues Office 97. Der Internet-Assistent speichert schließlich die so erzeugten Seiten auf der lokalen Festplatte in einem neuen Verzeichnis im HTML-Format ab. Diese Seiten ließen sich dann via FTP auf den WWW-Server übertragen. Die Möglichkeit dies gleich von WordPerfect heraus zu erledigen oder fertige Seiten direkt aus dem Netz zu lesen, gibt es nicht. Für den Zugriff auf das Web starte WordPerfect automatisch den mitgelieferten Netscape Navigator[58].

Die Übernahme durch Corel hat dem Office-Paket gutgetan. Auch der Einsteiger kann mit den Vorlagen unter WordPerfect und Quattro Pro sofort produktiv arbeiten. Zudem bietet Corel Office allein vom Umfang der Anwendungen weitaus mehr als Microsofts Office 97 – und das zu einem deutlich niedrigeren Preis. Dafür muß der Kunde weniger aufeinander abgestimmte Office-Komponenten hinnehmen. Diesen Mangel will Corel in der nächsten Version (die im Laufe diese Jahres erscheinen soll) beheben. Laut Ankündigung enthält diese dann auch Netscapes Navigator-Nachfolger namens Communicator. Eines scheint schon jetzt sicher: "Bei Corels aggressivem Marketing dürfte Microsoft wohl kaum so schnell das Monopol unter den Windows-Office-Anwendungen erlangen, wie Bill Gates es sich wünschen mag[59]".

---

[58] Vgl. Brors, Dieter; Auferstanden, c't 3/97, Seite 55
[59] Hüskes, Ralf; Goldesel, c't 3/97, Seite 60

2.6.5 Electronic Publishing (insbesondere mit Adobe Acrobat)

Adobe Acrobat und das Portable Document Format (PDF) ermöglichen den universellen Austausch von Dokumenten unabhängig vom Betriebssystem. Dank Hypertext-Funktionen sind die digitalen Dokumente ihren konventionellen Vorgängern sogar überlegen[60]. Außerdem können Lesezeichen eingefügt werden, über diese direkt an bestimmte Stellen im Dokument gesprungen werden kann.

2.6.5.1 Das PDF Format

Auf PostScript Software aufbauend entwickelte Adobe das PDF, dieses stellt die Basis für Acrobat dar. PDF erlaubt definierte Seitenverhältnisse, Schrifttypen und -größen, Farben, Grafiken und Fotos. Die im PDF-Format enthaltenen graphischen Möglichkeiten wurden von PostScript-Software übernommen, es gibt jedoch nicht die im PostScript vorhandenen Kontrollstrukturen wie z.B. Schleifen oder Abfragen. Dafür ist PDF durch die kleineren und leichter auswertbaren Dateien erheblich effizienter[61].

Mit PDF können Dokumente mit hoher Qualität erzeugt werden. Der Ersteller hat volle Kontrolle über die Gestaltung des Dokuments, d.h. er bestimmt genau, was der Leser sehen soll bzw. was ausgedruckt wird. Durch das Anklicken von Links (Verknüpfungen) können Textdateien mit anderen Teilen des Dokuments oder mit anderen Dokumenten verbunden werden. Das Problem der unterschiedlichen Zeichensätze (Font) zwischen Sender und Empfänger und der damit verbundenen Gefahr einer unterschiedlichen Formatierung, versucht die PDF-Datei durch Multiple-Master-Fonts zu lösen. Falls der für die Erstellung eines Dokumentes spezifizierte Font (Zeichensatz) beim Empfänger nicht vorhanden ist, sorgt der für jede Schriftart vorhandene Font-Deskriptor dafür, daß ein passender MM-Zeichensatz gefunden wird, der in der Laufweite und Formatierung der Schrift des Senders entspricht[62].

---

[60] Vgl. Merz, Thomas; Die PostScript-Acrobat-Bibel (1996), Seite 268
[61] Vgl. Merz, Thomas; Die PostScript-Acrobat-Bibel (1996), Seite 271
[62] Vgl. Merz, Thomas; Die PostScript-Acrobat-Bibel (1996), Seite 273

Die Dateigröße wird durch Kompressionsverfahren wesentlich vermindert, die PDF-Dateien sind so strukturiert daß ein schneller und wahlfreier Zugriff auf die einzelnen Seiten eines Dokumentes ermöglicht wird. PDF-Dokumente lassen sich verschlüsseln und durch ein Paßwort sichern.

2.6.5.2 Die Programme von Acrobat

Der Acrobat Reader ist für die Bildschirmanzeige und den Ausdruck von PDF-Dateien zuständig und darf kostenlos kopiert werden. Für die Bearbeitung von PDF-Dateien kann der Reader allerdings nicht genutzt werden, hierzu muß auf das nicht kostenlose Programm Acrobat Exchange zurückgegriffen werden. Er enthält alle Funktionen des Readers und bietet zudem durch Programmierschnittstellen die Möglichkeit zur Erweiterung der Acrobat-Technologie[63]. Acrobat Catalog dient zur Erweiterung des im Reader enthaltenen Suchwerkzeuges, es erstellt einen Volltextindex für beliebig viele PDF-Dateien.

---

[63] Vgl. Merz, Thomas, Die PostScript-Acrobat-Bibel (1996), Seite 283

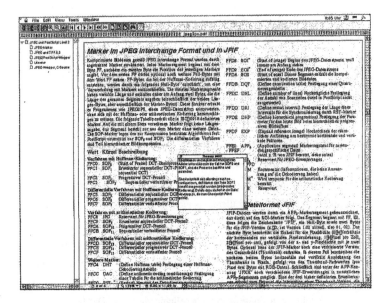

Abbildung 16: Darstellung einer Seite durch den Acrobat Reader[64]

Die zwei wichtigsten Programme zur Erstellung von PDF Dateien sind der PDFwriter und der Distiller. Beim PDFwriter handelt es sich um einen Druckertreiber für Macintosh und Windows. Er übernimmt die Daten an der Druckerausgabe eines Anwendungsprogrammes und gibt sie als PDF-Daten aus. Im Gegensatz zum PDFwriter setzt der Distiller PostScript und EPS in PDF-Format um. Das Erstellen von PostScript-Dateien und das Umsetzen mit dem Distiller führt zu qualitativ besseren Ergebnissen als die Verwendung des PDFwriters.

Dokumente, die bereits in Papierform bestehen, lassen sich per Scanner in eine dafür vorgesehene Datei einscannen. Die Adobe Software Capture dient dazu, die Symbole in den eingescannten Bildern zu erkennen und als Zeichen zu speichern. Die nicht sicher erkannten Buchstaben werden zunächst als Bitmap in die erzeugte PDF-Datei kopiert[65].

---

[64] Merz, Thomas, Die PostScript-Acrobat-Bibel (1996), Seite 273

2.6.5.3 Acrobat und das Web

Hyperlinks können von HTML-Dokumenten auf PDF-Dokumente verweisen und auch umgekehrt von PDF-Dokumenten auf HTML-Dokumente. Der Browser kann zwar PDF-Dokumente nicht direkt lesen. Es ist aber ein Plug-In vorhanden, mit welchem PDF-Dokumente gelesen werden können. PDF ist damit weitestgehend in das WWW integriert[66].

Als ein großer Nachteil des PDF-Formats stellte sich heraus, daß eine Datei erst vollständig gelesen werden mußte, bevor auch nur die erste Seite auf dem Bildschirm angezeigt werden konnte. Adobe entwickelte daraufhin eine Erweiterung (Amber), die das Lesen einzelner Seiten vom Server und die entsprechende Darstellung am Bildschirm erlaubte.

Zur schnelleren Darstellung einer PDF-Seite enthält der Reader eine Tabelle, anhand derer er feststellen kann, welche Bestandteile er zur Darstellung der ersten Seite benötigt. Es erscheint erst der Text, dann die Grafiken. Ein Web-Server kann allerdings immer nur ein ganzes Dokument übertragen. Adobe arbeitet deshalb mit einer Erweiterung des Protokolls HTTP, das auch eine Übertragung von Teilen einer Datei erlaubt. Die Amber-Version von Acrobat Exchange übernimmt die notwendige Optimierung der PDF–Dateien[67].

2.6.6 Publishing speziell für das Internet (Future Tense Texture)

Wird hauptsächlich für das World Wide Web publiziert, können die speziellen Möglichkeiten des WWW ausgenutzt werden.

---

[65] Vgl. Merz, Thomas, Die PostScript-Acrobat-Bibel (1996), Seite 287
[66] Vgl. Merz, Thomas, Die PostScript-Acrobat-Bibel (1996), Seite 298
[67] Vgl. Merz, Thomas, Die PostScript-Acrobat-Bibel (1996), Seite 300

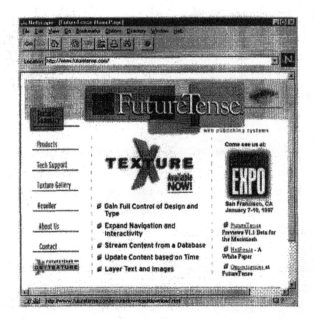

Abbildung 17: Homepage der Firma Future Tense[68]

Der Designer dient zum Erstellen von Bildschirmseiten. Die Handhabung ist ähnlich wie bei einem Graphikprogramm.

---

[68] Using FutureTense Texture (1997), Seite 139

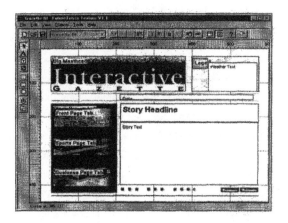

Abbildung 18: Beispiel einer Texture Seite[69]

Future Tense Texture ist ein System zur Publikation von Texten mit sich ändernden Inhalten. Das Produkt verwendet Schablonen, die automatisch in Real Time den Inhalt von Datenbanken und anderen Quellen geladen werden. Die Daten werden entweder vom lokalen Computer, von einem Web Server oder von remote Datenbanken gelesen. Dieses System ist geeignet für Zeitungen, Kataloge, Handbücher und andere Publikationen. Die Seiten können graphisch anspruchsvoll designed werden und der Designer hat die volle Kontrolle über das Design, d.h. der Benutzer sieht die Seiten so, wie sie der Designer erstellt hat, unabhängig von Browser und Computer.

Texture Pages können mittels Hyperlinks in das WWW eingebunden werden. Mittels der Einrichtung „trigger/action/target" kann die Bildschirmanzeige vom Anwender modifiziert werden. Ein Trigger ist ein Objekt auf dem Bildschirm, welches durch Anklicken eine Aktion auf den Target bewirkt. Triggers und Targets sind frei wählbar, es steht eine Anzahl von Aktionen zur Verfügung, von denen eine ausgewählt werden kann. Die Aktion kann darin bestehen, daß auf einem Teil des Bildschirms ein anderer Text und/oder ein anderes Bild angezeigt wird oder der Inhalt eines anderen URL's. Weiterhin ist möglich, daß

---

[69] Using FutureTense Texture (1997), Seite 98

durch Klicken auf den Trigger jeweils der nächste Text und/oder das nächste Bild oder der Inhalt des nächsten URL's, jeweils aus einer Liste, angezeigt wird. Der Trigger kann auch ein Timer sein, d.h., daß die Aktion nach Ablauf einer bestimmten Zeit ausgeführt wird. Mit den genannten Mitteln können unter anderem Bilder angezeigt werden, bei denen die Aktion abhängig ist von der Stelle im Bild (z.B. eine Landkarte), auf die geklickt wird. Hinter einem angeforderten URL kann – wie üblich – statt einer statischen Seite auch ein Programm stehen, welches durch Aufruf des URL ausgeführt wird.

Die genannten Funktionen können natürlich ebenso durch das Programmieren von Java Applets realisiert werden. Durch Texture lassen sich die Funktionen aber viel einfacher, schneller und ohne Programmierkenntnisse realisieren.

Der Viewer ist ein Java Applet. Während der Anwender liest, stellt der Viewer den Text zusammen. Der Viewer kann automatisch zur Zeit des Lesens geladen werden, wie es bei Java Applets üblich ist, er kann aber auch permanent installiert werden.

Um auch Anwender zu erreichen, die Browser benutzen, die nur HTML verarbeiten können, lassen sich die Seiten auch in HTML umsetzen. In diesem Fall müßten die Publikationen fortwährend periodisch in HTML umgesetzt und auf einem Web Server gespeichert werden[70].

2.6.7 Vergleich der Dokumentensysteme HTML, Acrobat und Texture

Längere Zeit konnten Dokumente für das Web ausschließlich mittels HTML erzeugt werden. Erst vor kurzer Zeit hat die Firma Adobe mit Acrobat eine neue Möglichkeit eröffnet, Dokumente für das Web zu erstellen. Das dritte Dokumentensystem, Texture von der Firma Future Tense ist bisher kaum erprobt. Es hat Eigenschaften, die sich wesentlich von den Eigenschaften der zwei anderen Dokumentensystemen unterscheiden. Sollte sich jedoch herausstellen, daß Texture fehlerhaft ist, so bleibt doch der Bedarf nach einem Pro-

---

[70] Vgl. Future Tense http://www.futuretense.com/products/qa.html

dukt mit den Möglichkeiten von Texture. Für alle drei Dokumentensysteme gilt, daß es sich nicht um gleichartige Produkte handelt, sondern um Produkte die unterschiedliche Anforderungen erfüllen. Alle drei Dokumentensysteme können nebeneinander bestehen bleiben. Allerdings wird HTML wohl zwangsläufig an Bedeutung verlieren, da die anderen Systeme neu sind und erst noch ihren Marktanteil – abhängig von der jeweiligen Anforderung aus - erobern müssen

HTML

Zum Verständnis von HTML ist es nützlich, die Entstehungsgeschichte von HTML zu kennen. HTML wurde bei der CERN entwickelt, einem europäischen Kernforschungszentrum[71]. HTML stammt von SGML ab, es kann sogar als spezielle Form von SGML angesehen werden. SGML ist ein Dokumentensystem, das sich besonders für die Erstellung von technischen Dokumenten, wie z.B. Dokumentationen von Flugzeugen, Autos usw. eignet[72]. Bei diesen Dokumenten ist die funktionale Gliederung von Bedeutung, nicht die Spezifikationen des Aussehens wie Schrifttypen, Schriftgrößen oder die genaue Positionierung der Elemente auf der Seite. Solche Spezifikationen wären sogar schädlich, weil SGML auf unterschiedlichen Computersystemen genutzt werden soll und die Design Elemente nicht auf sämtlichen Systemen in gleicher Form vorhanden sind. Wichtig kann sein, Dokumente maschinell auswerten zu können; dafür sind Tags von entscheidender Bedeutung. Für die Entwickler von HTML standen die genannten Eigenschaften im Vordergrund. Wissenschaftler auf der ganzen Welt sollten mit Hilfe von HTML technische Beschreibungen austauschen können. Früher arbeiteten alle Textsysteme mit Tags, diese sind aber weitgehend überholt.

HTML bietet ebenfalls die Möglichkeit, Scripte und Programme (z.B. Java Applets) in Dokumente einzubinden. HTML-Seiten können mit einfachen Editoren erstellt werden, dennoch gibt es spezielle Programme zum Erzeugen von HTML-Seiten. Einige dieser Programme sind so weit fortgeschritten, daß kaum noch Kenntnisse der HTML-Strukturelemente notwendig sind, um Web-

---

[71] Vgl. Surfas/Brown/Jung; HTML im Intranet (1997), Seite 274
[72] Vgl. Surfas/Brown/Jung; HTML im Intranet (1997), Seite 120

Seiten zu erzeugen. Office 97 ermöglicht ebenso die automatische Umsetzung von Office-Dokumenten in HTML-Seiten. Besonders bei Word-Dokumenten sind aber meist Nachbesserungen notwendig, da nicht alle Design-Dokumente von Word wiedergegeben werden können.

Ein Einsatz von HTML bietet sich vor allem dann an, wenn Funktionen genutzt werden sollen, die über ein reines Dokumentensystem hinausgehen. Für Dokumente, welche ausgedruckt werden sollen, ist HTML wenig geeignet.

Adobe Acrobat

Bei den neuen Textsystemen hat die WYSIWG (What you see is what you get) Forderung hohe Priorität. Desweiteren ist von immenser Bedeutung, weiterführende Design-Möglichkeiten zu bieten. Die Darstellung der funktionalen Gliederung des Dokuments ist dagegen meist nebensächlich. Die PDF-Dokumente werden nicht direkt erzeugt, vielmehr werden Dokumente von Office-Produkten u.a. in PDF umgewandelt. PDF kann das Design der mit Office-Produkten erzeugten Dokumente voll wiedergeben[73].

Da die Office-Produkte als Grundlage des PDF-Format dienen, paßt dies gut in die heutige Arbeitswelt, denn Office Produkte wie z.B. Word sind überall im Einsatz. Ebenso wichtig ist, daß mit PDF die Dokumente unterschiedlicher Office-Produkte in einheitliche Form gebracht werden können. Es ist unerfreulich, wenn für jedes einzelne Dokument zuerst festgestellt werden muß, von welchem Office-Produkt es stammt, und dann ein spezieller Reader aufgerufen werden muß. Speziell für das WWW, ist oft nicht bekannt, über welche Office-Produkte der einzelne Benutzer verfügt, deswegen sind spezielle Reader für einzelne Office-Produkte kaum einsetzbar.

Wie bereits ausgeführt, sind PDF-Dokumente voll in das WWW integriert, Hyperlinks können von HTML-Dokumenten auf PDF-Dokumente zeigen und umgekehrt[74]. Dadurch lassen sie sich mit Hilfe des Browsers am Bildschirm

---

[73] Vgl. Merz, Thomas, Die PostScript-Acrobat-Bibel (1996), Seite 271
[74] Vgl. Merz, Thomas, Die PostScript-Acrobat-Bibel (1996), Seite 297

darstellen. Wichtig ist, daß PDF-Dokumente sowohl am Bildschirm darzustellen sind als auch in Papierform gebracht werden können.

Adobe Acrobat scheint das richtige Dokumentensystem zu sein, wenn die Erstellung von Dokumenten in gedruckter Form im Vordergrund steht. Adobe Acrobat eignet sich allerdings ebensogut für die Darstellung von Dokumenten am Bildschirm.

Texture

Charakteristisch für Texture ist die Spezialisierung auf die Darstellung am Bildschirm. Desweiteren ist von Interesse, daß die Dokumente immer mit den aktuellen Daten versehen werden können. Ein Beispiel hierfür ist, die Darstellung der jeweilig aktuellen Aktienkurse in aufbereiteter Form. Texture ermöglicht außerdem eine hohe Designqualität. Ebenso bietet es im Vergleich zu HTML und Acrobat erweiterte Navigationsmöglichkeiten[75].

2.6.8 Groupware

In vielen Unternehmen gewinnt elektronische Kommunikation zwischen Mitarbeitern an Bedeutung. Was als textueller Austausch via messaging, e-mail oder news begann, mündet heute in komplexen Groupware-Lösungen, die ganze Geschäftsprozesse „computerisieren" [76]. Viele Unternehmen setzen diese weitreichenden Funktionen zunehmend für die Automatisierung von internen Arbeitsabläufen ein.

Groupware-Programme sind integrierte Softwareanwendungen, auf deren Basis computergestützte Teamarbeit (Workgroup Computing) ermöglicht wird. In der Praxis bedeutet dies das gemeinsame Sammeln und Auswerten von Daten, die Erstellung von Dokumenten, Ablaufplänen oder Konzepten im Team, die Führung von öffentlichen Terminkalendern oder die Abwicklung von offenen Gruppendiskussionen auf der Basis von vernetzten Computersystemen. Der wesentliche Vorteil von Workgroup Computing besteht darin, daß die Grup-

---

[75] Vgl. Future Tense http://www.futuretense.com/products/qa.html
[76] Vgl. Kuschke, Michael; Austausch, iX 5/97, Seite 106

penmitglieder orts- und zeitunabhängig an den gemeinsamen Aktivitäten teil-
nehmen können, wodurch sich ihre Produktivität vervielfachen läßt[77]. Die
Groupware-Lösungen sollen die Produktivität und Effizienz von Arbeitsgrup-
pen steigern. Einzelne Gruppenmitglieder könnten sich an verschiedenen Un-
ternehmensstandorten befinden, unterschiedlichen Hierachieebenen, Abteilungen oder im Extremfall Unternehmen angehören.

Die Internet-Technologie eröffnet neue Möglichkeiten der Groupware-
Anwendungen. Umgekehrt sind datenbankbasierte Groupware-Systeme die
Voraussetzung für effiziente und erfolgreiche Intranet-Lösungen. Der Erfolg
von Groupware-Systemen hängt von unterschiedlichen Faktoren ab[78]:

- Organisatorische Bewältigung des Paradigmenwechsels,
- Information ist nicht mehr Eigentum des Einzelnen sondern der
  Gruppe,
- Information wird zur Holschuld,
- Information überwindet Hierachiegrenzen,
- Strukturierung der Informationen durch die Verschlagwortung, da-
  mit der Nutzer gezielt auf die gewünschten Informationen zugreifen
  kann,
- Effiziente Möglichkeiten zur Pflege der Inhalte,
- Abbildung sowohl von Workflow als auch von unstrukturierten Ar-
  beitsprozessen.

Das am weitesten verbreitete Groupwareprodukt Lotus Notes galt über Jahre
hinweg als Synonym für diesen Applikationstyp, ohne daß es sich allerdings
aufgrund seiner hohen Kosten, seiner proprietären Formate und einer sehr auf-
wendigen Anwendungsentwicklung in den Unternehmen durchsetzten konnte.
Mit Exchange liefert Microsoft als Teil seines "BackOffice-Rundum-Sorglos-
Pakets" eine Messaging-Plattform, die sowohl unterschiedliche Mail-Proto-
kolle vereinigt als auch Groupware-Funktionen bereithält. Die bessere Architektur für die Entwicklung von Gruppenanwendungen gilt als Vorteil von Lo-

---

[77] Vgl. Kyas, Othmar; Corporate Intranets (1997), Seite 24

tus, während Exchange die bessere Handhabung bietet[79]. Auch Oracle verfolgt mit Interoffice eine Groupware-Strategie.

Wie bereits zu Anfang erwähnt, sollte Groupware nicht auf die vorhergehend genannte spezielle Software beschränkt gesehen werden. Die Gruppenarbeit ist eine wesentliche Komponente des Internet/Intranet-Einsatzes und kann in vielerlei Arten realisiert werden.

2.6.9 Workflow-Software

Bis in die Gegenwart hinein sah und sieht es die Datenverarbeitung als ihre Hauptaufgabe an, zu untersuchen, inwieweit Aufgaben bzw. Teilaufgaben mit der EDV kostengünstig abgewickelt werden können und diese Aufgaben dann in die elektronische Verarbeitung zu überführen. Dies ist natürlich auch sinnvoll und richtig, aber es handelt sich damit überwiegend um die elektronische Bearbeitung isolierter Teilaufgaben.

Beim Workflow ist die Sicht jedoch eine andere. Zu untersuchen ist hier der Gesamtablauf von Aufgaben über Mitarbeiter und Hierachiestufen hinweg. Auch Teilaufgaben, welche nicht mit Hilfe der Datenverarbeitung gelöst werden können, sind einzubeziehen. Ziel ist die Steuerung der Aufgabenerfüllung und die Dokumentation des Status der Aufgabenerfüllung zu jedem gewünschten Zeitpunkt. Oft steht im Mittelpunkt der Aufgabenerfüllung ein Dokument, das seinen Weg über mehrere Mitarbeiter und Hierachiestufen macht. Dies ist aber im Grunde zu primitiv gesehen. Ein Dokument ist mehr für eine manuelle Abwicklung sinnvoll, der elektronische Workflow für eine Aufgabe sollte durch Informationen in einer Datenbank repräsentiert werden, welche im Allgemeinfall unabhängig sind von einem bestimmten Dokument. Hierdurch wird die parallele Abwicklung von Teilaufgaben erleichtert, dies ist als ein wichtiges Argument für die Einführung von Workflow-Software zu sehen.

[78] Vgl. Clasen, Christiane; Im Mix aus Groupware und Intranet ......, cw 20/97, Seite 48
[79] Vgl. Willis, David; Kampf der Giganten, cs 1/97, Seite 21

Die Einführung von Workflow kann sich nicht darauf beschränken, neu zu entwickelnde Softwaresysteme in ein Workflow-System einzubinden. Vielmehr verlangt die Aufgabenstellung eines Workflow-Systems nach der Einbindung vorhandener Datenverarbeitungssysteme, sonst entsteht im Allgemeinfall kein ununterbrochener Workflow.

Für die Datenverarbeitung entsteht die schwierige Aufgabe, bestehende Teilverarbeitungen, die evtl. auf verschiedenen Anlagen mit Hilfe unterschiedlicher Betriebssysteme und Softwaresysteme abgewickelt werden, in einen gemeinsamen Rahmen einzufügen. Weiterhin ist zu untersuchen, inwieweit Batchverarbeitungen, die bisher von der zentralen Datenverarbeitung abgewickelt wurden, nun von Mitarbeitern der Fachabteilung unter Steuerung eines Workflow-Systems abgewickelt werden können.

Das Internet ist für Workflow-Systeme eine wichtige Grundlage, weil TCP/IP, das dem Internet zugrundeliegt, für praktisch alle Anlagen und Betriebssysteme zur Verfügung steht. Corba ist wahrscheinlich die Software, mit der diese Einbindung von vorhandenen elektronisch abgewickelten Teilaufgaben in ein Workflow-System am ehesten realisiert werden kann. Für Java Applets, die unter den Browsern arbeiten können, ist die Realisierung von Object Request Brokern (CORBA) möglich. Die Workflow-Verarbeitung ist so komplex, daß hierfür Java Applets auf dem Client notwendig sind. Die Realisierung solcher Applets ist jedoch noch nicht weit fortgeschritten[80].

Die Vorteile der Automatisierung von Geschäftsabläufen liegen auf der Hand: Rationalisierung, Verbesserung der Qualität und Effizienz, lückenlose Dokumentation, um nur einige zu nennen. Doch es gibt drei gravierende Gründe warum diese Software in Unternehmen nicht breiter eingesetzt wird[81]:

- Der erste heißt Individualität. Abläufe sind zwar generell vergleichbar, doch sind die Geschäftsprozesse in jedem Unternehmen sehr individuell. Sich einem durch Standardsoftware vorgegebenen Prozeß anzupassen ist sicherlich kein Wettbewerbsvorteil.

---

[80] Vgl. Ueberhorst, Stefan; Erst mit Applets wird........, cw 34/97, Seite 17
[81] Vgl. Rasp, Stephan; Komplexen Vorgängen ähnlich wie ...., cw 31/97, Seite 37

- Zweitens ist die Umsetzung der Unternehmensprozesse in Individualsoftware in der Regel aufwendig, teuer und zeitintensiv. Firmen, die neue Workflow-Software installieren, stellen oft weitreichende Analysen über den Ist- und Soll-Zustand der Unternehmenssituation an. Häufig versuchen sie anschließend, selbst eine Software der Kategorie „eierlegende Wollmilchsau" zu entwickeln. Dieser Ansatz erzeugt hohe Kosten, sorgt für lange Einführungszeiten und birgt ein großes Risiko.

- Der dritte Grund ist die Kurzlebigkeit der Prozesse. Denn was heute gilt, ist morgen bereits „Schnee von gestern". Unternehmen müssen nicht nur immer schneller reagieren, sie müssen auch mit Hilfe einer flexiblen und schnell adaptierbaren Workflow-Software Unternehmensprozesse rechtzeitig an die Veränderungen anpassen können.

2.6.10 Archivsoftware für das Internet

Es wird hier als Beispiel die Software Scan View kurz beschrieben. Scan View ist ein Client/Server-System, welches unter dem Windows Betriebssystem realisiert ist. Es erlaubt die anwendergesteuerte Definition beliebiger Archivstrukturen, in denen Dokumente mit freien Indexworten und Stichworten abgelegt und wieder recherchiert werden können. Es unterstützt die Erfassung über Scanner und auch die automatische Übernahme beliebiger, gleichstrukturierter Daten.

Für das Recherchieren wurde Zusatz-Software für die Anbindung an das Intra- bzw. Internet mittels WWW-Server und Java-Applets/Applikationen bereitgestellt. Diese Anwendung ist also in Stufe 4 der Entwicklungsstufen des Internets einzuordnen.

2.6.11 Search Engines

Das Informationsangebot im Internet hat ein kaum zu bewältigendes Ausmaß. Mit dem Zugang zum Internet erhält man Zugriff auf Informationen von Unternehmen, Universitäten, Bibliotheken, Organisationen etc. auf der ganzen

Welt. Auch mit den Ausbau des Internets wird die Menge der Informationen im Intranet stark wachsen. Informationen zu bestimmten Themen kann man mit Hilfe von Suchsystemen sog. Search Engines erhalten, die einem das Suchen im Internet/Intranet erheblich erleichtern. Search Engines können je nach Größe mehrere zehntausend bis mehrere Millionen registrierte URL's verwalten, die jeweils mit charakteristischen Stichworten ihrer zugeordneten Dokumente verknüpft sind[82].

Zu den bekanntesten Search Engines gehören AltaVista, Yahoo, Lycos und WebCrawler, die allerdings nicht alle Ansprüche vollständig erfüllen können, da kein Search Engine in der Lage ist, eine komplette Liste aller Web Sites aufrechtzuhalten. Die Qualität von Search Engines hängt hauptsächlich von der Leistungsfähigkeit der Robot-Programme ab, welche die Datenbanken aufbauen beziehungsweise warten. Ein weiteres Kriterium für die Qualität eines Suchwerkzeuges ist, inwieweit Möglichkeiten bestehen, den Ergebnisraum durch entsprechende Einschränkungen zu verkleinern.

---

[82] Vgl. Kyas, Othmar; Corporate Intranets (1997), Seite 381

Abbildung 19: Das Internet-Verzeichnis Yahoo![83]

2.6.12 Datenbankabfragen im Intranet

Viele wichtige Informationen, über die ein Unternehmen verfügt, sind gewöhnlich in Datenbanken gespeichert. Diese Datenbanken können an einem einzigen Standort plaziert sein, sie können aber auch über mehrere Standorte des Unternehmens verteilt sein.

---

[83] Kyas, Othmar; Corporate Intranets (1997), Seite 376

In den meisten Fällen hat es diese Datenbanken schon gegeben, bevor das Internet populär wurde und lange bevor es das erste Intranet gab. Das heißt, daß die Datenbanken ohne einen Gedanken an TCP/IP, HTML oder jede andere Intranet-Technologie erzeugt wurden. Der Zugriff auf die in den Datenbanken gespeicherten Daten erfolgte auf verschiedenste Weise, je nachdem , um was für eine Datenbank es sich handelte und welches Frontend benutzt wird. Theoretisch ist es mit einem Intranet viel leichter, an all diese Daten heranzukommen. HTML macht es einfach, Formulare zu erstellen, mit Hilfe derer sich jeder die gewünschten Daten beschaffen kann. Nicht ganz so einfach ist es eine Technik bereitzustellen, die diese Formulare weiterreicht, eine Datenbank durchsucht und die Ergebnisse wieder an den „Absender" zurückschickt. Zu diesem Zweck wurden spezielle Tools entwickelt, die Datenbankabfragen aus dem Web heraus ermöglichen (Web-to-Database Query Tools). Sie erlauben es jedem, sich die Fülle an firmeninternen Informationen und Daten zu erschließen, die in großen Datenbanken lagern, ohne eine Datenbankabfragesprache zu kennen.

Normalerweise werden Datenbankabfragen in der Konfiguration abgewickelt, welche in „Entwicklungsstufe 2 des WWW" beschrieben ist. Der Benutzer holt sich vom Web-Server ein HTML-Formular und schreibt seine Suchbegriffe in das Formular. Das ausgefüllte HTML-Formular wird über den Web-Server an ein CGI-Programm geleitet. Das CGI-Programm erstellt aus dem ausgefüllten Formular eine SQL-Abfrage und fordert mit der SQL-Abfrage Daten von der Datenbank an. Das Resultat der SQL-Abfrage wird an das CGI-Programm zurückgegeben. Das CGI-Programm macht aus dem Resultat der SQL-Abfrage eine HTML-Seite und gibt diese HTML-Seite über den Web-Server an den Benutzer zurück[84].

---

[84] Vgl. Gralla, Preston; So funktionieren Intranets (1997), Seite 153

2.6.13 Zugriff vom Intranet aus auf Dialogsysteme eines IBM-Großrechners

Die Dialogsysteme eines IBM-Großrechners (z.B. CICS und TSO) werden üblicherweise über 3270-Bildschirm-Terminals bedient. Das heißt, daß das Terminal versteht, Ausgaben des Dialogsystems, welche die Form eines 3270-Datenstroms haben, am Bildschirm anzuzeigen, sowie Eingaben des Benutzers am Terminal in der Form eines 3270-Datenstroms an das Dialogsystem des Großrechners zu senden.

Diese Dialogsysteme können in folgender Weise in das Intranet integriert werden:

Der 3270-Datenstrom von einem Dialogsystem des Großrechners wird nicht mehr an ein 3270-Bildschirm-Terminal geleitet sondern an ein CGI-Programm, welches den 3270-Datenstrom in die Form einer HTML-Seite bringt. Analog werden Eingaben in eine HTML-Seite vom CGI-Programm in einen 3270-Datenstrom umgesetzt und an den Großrechner gesendet. Oft ist bei den Dialogsystemen die Ausgabe gleich der nächsten Eingabe in das Dialogsystem ergänzt durch Eingaben des Benutzers. Das gleiche CGI-Programm kann so für alle Dialogsysteme und alle Anwendungen in dem jeweiligen Dialogsystem benutzt werden. Die Gesamtkonfiguration entspricht der Konfiguration der Entwicklungsstufe 2 des WWW, wobei aber an die Stelle der Datenbank die Dialogsysteme des Großrechners treten[85].

2.6.14 Data-Warehouse

Die grundlegenden strukturellen Veränderungen in der Wirtschaft und in jedem einzelnen Unternehmen erzwingen den Abbau von Hierarchien. Die personelle Trennung zwischen ausführenden und entscheidenden Mitarbeitern wird weitgehend abgebaut. Als Konsequenz wächst die Anzahl der Personen mit Entscheidungsbefugnis. Gleichzeitig werden die Entscheidungswege kürzer, Verantwortung wird deligiert. Delegation von Entscheidung kann jedoch nur funktionieren, wenn Informationen, die für die Entscheidungsfindung erforderlich sind, jedem Entscheider leicht zugänglich sind. Informationen haben nicht mehr den Status von „Herrschaftswissen" (das von Stabsmitarbeitern mit hohen Kosten aufbereite worden ist). Ein leichter Zugang zu Informationen von fast allen Ebenen eines Unternehmens ist zu einem kritischen Erfolgsfaktor geworden, dessen Bedeutung noch zunehmen wird.

Eine Antwort auf diese Herausforderung ist die Entwicklung von Data Warehouses. Im Data Warehouse werden große Datenmengen aus der eigenen operativen Datenverarbeitung – teilweise ergänzt um externe Daten (Branchenvergleiche etc.) – konsolidiert und so aufbereitet, daß eine leichte Auswertung durch den Endanwender ohne Unterstützung der DV-Abteilung möglich wird[86]. Auf diese Weise werden auch solche Daten leicht zugänglich, die ohne Data Warehouse gar nicht oder nur mit hohem Zeit- und Geldaufwand zu erschließen sind.

Das Data-Warehouse unterscheidet sich hier grundsätzlich von konventionellen Informationssystemen, die trotz hoher Investionen relativ starr auf die Beantwortung von vorher definierten Fragen ausgerichtet ist. Ein angenehmer Effekt von Data Warehouse ist, daß bei der Konzeption und Umsetzung oft Antworten gefunden werden, deren Fragestellung im Unternehmen noch gar nicht existierte, bzw. als nicht relevant galt[87].

2.6.15 Data Mining

Data Mining bedeutet, aus umfangreichen, mit dem bloßen Auge wenig aussagekräftigen Datenbeständen, nützliche Informationen ans Tageslicht zu bringen.

Eine Datenbankabfrage oder ein statistischer Test stellt noch kein Data Mining dar. Statt dessen sollen die Programme relativ selbständige Muster in den Daten aufspüren und den Anwender darauf hinweisen. Sie finden Abhängigkeiten und Abweichungen, stellen Klassifikationen auf und machen Vorhersagen[88].

---

[85] Vgl. Gralla, Preston; So funktionieren Intranets (1997), Seite 162
[86] Vgl. Probst, Albert; Defizite durch Werkzeuge kompensieren, cs 3/97, Seite 47
[87] Vgl. Baryga, Kay-Uwe; Supermarkt für Informationen, cs 3/97, Seite 64
[88] Vgl. Dr.Janetzko/Steinhöfel; Lotsen los!, c't 3/97, Seite 294

Es gibt unterschiedliche Software zum Data Mining, die auch unterschiedliche Aufgaben erfüllt bzw. Funktionen ausführt. Zwei Software Produkte zum Data Mining sind z.B. WizWhy und WhizRule. WhizWhy erzeugt Regeln aus Daten. Da WhizWhy möglicherweise eine ganze Reihe von Zusammenhängen erkennt, bewertet es die gefundenen Regeln nach verschiedenen Kriterien: Regelwahrscheinlichkeit (Anteil der Fälle, die mit Wenn- und Dann-Teil der Regel übereinstimmen, an der Menge der Fälle, die mit dem Wenn-Teil der Regel übereinstimmen), Irrtumswahrscheinlichkeit (Wahrscheinlichkeit, daß der Zusammenhang zufällig zustande gekommen ist) und Anzahl der Datensätze, in denen dieser Zusammenhang vorkommt. WhizRule dient zum Aufdecken von auffälligen Unregelmäßigkeiten, die ein Hinweis auf fehlerhafte Einträge sind.

Desweiteren gibt es noch den Delta Miner der eine Rundfahrt zu den interessanten Daten eines Unternehmens bietet. Der Nutzer kann den mehrdimensionalen Datenraum entweder auf eigene Faust durchsuchen oder sich einem Lotsen bedienen um zu den interessanten Punkten des Datenraums zu gelangen. Mit der DataEngine-Software lassen sich Modelle bilden, die Datenmengen klassifizieren oder Prozesse online auswerten oder regeln. Als weitere Software gibt es noch Neural Connection und SPSS Chaid.

2.6.16 Erstellen und Verwalten von Web Seiten (z.B. FrontPage)

FrontPage ist ein komplettes Paket für Web-Autoren. Es hilft den Web-Autoren, komplette Web-Server-Systeme zu erstellen, wobei keine Programmierkenntnissse erforderlich sind.

Die wesentlichen Komponenten von FrontPage sind[89]:

- FrontPage Editor
- FrontPage Explorer
- Personal Web Server

---

[89] Vgl. Grigoleit, Uwe; FrontPage 97 (1997)

Der FrontPage Editor

Vor gar nicht langer Zeit war es dazu noch nötig, über hundert kryptische Befehle mit Syntax und Eigenschaften zu kennen um Web-Seiten zu erstellen. Inzwischen gibt es eine neue Generation leistungsfähiger Web-Editoren die dies überflüssig machen. Mit ihnen können Web-Autoren Ihre Seiten wie bei einem Textverarbeitungsprogramm erstellen. Das Umsetzen in die eigentliche Seitensprache macht der Web-Editor automatisch im Hintergrund. Einer der leistungsfähigsten Vertreter der neuen Web-Editoren-Generation ist FrontPage aus dem Hause Microsoft.

Der FrontPage Explorer

Mit dem FrontPage Explorer können komplette Web-Server-Systeme verwaltet werden. Ähnlich wie der Windows Explorer die Plattenspeicher stellt dieses Programm die einzelnen Seiten des Web-Server-Systems übersichtlich und strukturiert dar.

Im einzelnen können mit Hilfe des FrontPage Explorer folgende Aufgaben durchgeführt werden:

- Die Struktur des Web-Server-Systems überblicken und verändern.
- Suchindizes für die Web-Server erstellen.
- Die Konsistenz der Verknüpfungen zwischen den Web-Seiten überprüfen und korrigieren.
- Durch Projekt-Funktionen den Aufbau eines Web-Seiten-Systems automatisch steuern.

Personal Web-Server

Der Personal Web-Server ist ein einfacher WWW- und FTP-Server, welcher auf dem Client-PC laufen kann.

Auf diesem Server kann das Web-Seiten-System aufgebaut werden. Ist das Web-Seiten-System getestet, kann es dann auf den Server gebracht werden, wo es dem Nutzer zur Verfügung stehen soll.

Außer Frontpage gibt es noch eine Vielzahl weiterer Autoren-Tools, wie Backstage von Macromedia, oder HoTMetal Pro von SoftQuad und Netscape

Navigator Gold, die es Benutzern erlauben, Seiten zu erstellen und im Netz zu publizieren, ohne daß HTML-Kenntnisse benötigt würden.

2.7 Programmieren für das WWW

2.7.1 Java

2.7.1.1 Die Programmiersprache Java

Die objektorientierte Programmiersprache Java von SUN Microsystems war ursprünglich für Anwendungen im Bereich des interaktiven Fernsehens oder für die Steuerung von Geräten im Haushalt entwickelt worden. Noch bevor die Entwicklungsphase abgeschlossen war, stellte sich das mit enormer Geschwindigkeit wachsende Internet als die größte Marktchance für Java dar[90].

Java stellt für das Internet eine der wichtigsten Entwicklungen der letzten Jahre dar[91]. Es ist eine Sprache, die gerade beginnt, die schöpferischen Vorstellungskräfte der Softwareentwickler zu wecken.

Für Web-Seiten gibt es eine spezielle Art von Java-Programmen, die Java Applets. Auf diese Applets wird in HTML-Seiten verwiesen. Ruft der Anwender eine HTML-Seite auf, so wird sie vom Browser auf den Client heruntergeladen. Sind in der HTML-Seite Verweise auf Java Applets, so werden diese anschließend in den Client geladen. Java macht die HTML-Seiten dynamisch, es ermöglicht Spezialprogramme, von interaktiven 3D-Graphiken über Bestellformulare für Kunden bis hin zu Datenaufzeichnungen in Echtzeit, ablaufen zu lassen. Java ist aber nicht auf Web-Applets beschränkt, auch vollwertige Programme lassen sich mit Java schreiben[92].

[90] Vgl. Kyas, Othmar; Corporate Intranets (1997), Seite 206
[91] Servati/Bremner/Iasi; Die Intranet Bibel (1996), Seite 491
[92] Vgl. Surfas/Brown/Jung; HTML im Intranet (1997), Seite 893

Abbildung 20: Das Java-Radiergummi-Applet[93]

Java-Programme werden, wie andere Programme, kompiliert. Der Java-Compiler erzeugt allerdings keine direkt ausführbaren EXE-Dateien, sondern systemunabhängige Byte-Codes. Das Ausführen des Programms übernimmt eine „Virtual Machine" auf dem Client Rechner, die den Byte-Code interpretiert und abarbeitet. Ein und derselbe Byte-Code läuft auf jedem Rechner, der über eine virtuelle Java-Maschine verfügt[94].

2.7.1.2 Java Beans, JDBC, RMI

Im Rahmen des Java Einsatzes sind die Begriffe Java Beans, JDBC und RMI von wesentlicher Bedeutung. Software soll nicht mehr in großen monolithischen Einheiten entwickelt werden, ein Beispiel hierfür ist Microsoft Word. Vielmehr soll die Software aus kleinen Komponenten bestehen, die sich jedoch andererseits dem Benutzer gegenüber als einheitliche Software darstellen. Java Beans ist die Komponententechnologie von Java. Die allgemeinere Komponententechnologie Open Doc starb offenbar einen stillen Tod.

Mit Hilfe von JDBC (Java Database Connectivity) soll die Verbindung von Java Programmen zu den Datenbanken unterschiedlicher Hersteller hergestellt werden.

---

[93] Servati/Bremner/Iasi; Die Intranet Bibel (1996), Seite 493

RMI (Remote Method Invocation) ist das Werkzeug um verteilte Verarbeitung zwischen in Java geschriebenen Objekten zu realisieren. Sind nicht beide Objekte in Java geschrieben, so kann die verteilte Verarbeitung nicht mit RMI ausgeführt werden, dafür kommt dann CORBA in Frage.

2.7.1.3 In der Programmiersprache Java geschriebene Standardsoftware

Für den Einsatz von NC's ist es wichtig, daß Standardsoftware wie Textverarbeitung, Tabellenkalkulation und Graphiksoftware als Java Applets, und Browser für Java zur Verfügung stehen. Damit ist es allerdings bisher schlecht bestellt (Stand 9/97)[95].

Browser

Einen Browser für Java stellt bisher nur Sun zur Verfügung, allerdings plant Netscape einen Browser in einer reinen Java-Version herauszubringen.

Office Software

Nur die Software der Firma Applix ist schon einigermaßen zufriedenstellend einsetzbar. Es ist Client/Server-Software, wobei die Hauptlast der Verarbeitung dem Server zugeordnet ist. Die Firma Corel hatte zwar begonnen solche Software zur erstellen, hat dieses Unterfangen allerdings wieder aufgegeben[96]. Die Programmiersprache Java hat noch Schwächen, die eine Entwicklung solcher großen Softwaresysteme momentan kaum realisierbar machen. Ein Hauptgrund hierfür ist, daß die Java-Programme sehr langsam laufen.

Die Realisierung solcher Softwaresysteme wird in der Form von Client/Server-Systeme (siehe Entwicklungsstufen des WWW Stufe 4) erfolgen, wobei der Server die Hauptlast der Aufgabenerledigung übernehmen wird. Dies hat den Vorteil, daß nicht soviel Software auf den Client geladen werden muß. Andererseits ist eine Voraussetzung, daß die Kommunikation zwischen Client und

---

[94] Vgl. Grigoleit, Uwe; FrontPage 97 (1997), Seite 196
[95] Vgl. Fischer, Jens-Christian; Kaffe am Arbeitsplatz, OS/2 Inside 9/97, Seite 74

Server bei der Aufgabenerledigung gering gehalten wird, da auch diese Kommunikation die Programmausführung verlangsamen kann.

2.7.2 Java Script

Java Script ist der Nachfolger der von Netscape entwickelten Scriptsprache Live Script[97]. Java Script wurde gemeinsam von SUN und Netscape auf den Markt gebracht. Mit Java Script können sowohl Anwendungen für den Web-Server als auch für den Web-Client erstellt werden. Java Script soll von Nicht-Programmierern anwendbar sein, während Java selbst nur von Programmierern genutzt werden kann.

Java Script Anwendungen können direkt in HTML-Seiten eingebettet und vom Browser interpretiert werden. Mit Java Script ist auch eine interaktive Darstellung von Web-Seiten möglich

2.7.3 Visual Basic Script

Wie die JavaScript-Sprache, die von Netscape eingeführt wurde und wenigstens teilweise von Microsoft im Internet Explorer unterstützt wird, ermöglicht es die Visual Basic Script-Sprache (VBScript), Befehle in ein Dokument einzubetten. Wenn ein Benutzer vom Internet Explorer eine Seite herunterlädt, werden VBScript-Befehle vom Web-Browser zusammen mit dem Rest des Dokuments geladen und als Antwort auf jedes Ereignis aus einer ganzen Reihe von Ereignissen ausgeführt. Wie JavaScript ist VBScript eine Interpretersprache; Internet Explorer interpretiert die VBScript-Befehle, wenn sie geladen und ausgeführt werden. Sie brauchen vom Web-Autor, der sie benutzt, nicht erst in eine ausführbare Form kompiliert werden.

VBScript liefert einen ziemlich kompletten Satz von eingebauten Funktionen und Befehlen, die es ermöglichen, mathematische Berechnungen auszuführen,

---

[96] Vgl. Corel begräbt Office für Java........, cw 35/97, Seite 1
[97] Vgl. Servati/Bremner/Iasi; Die Intranet Bibel (1996), Seite 503

Sounds abzuspielen, neue Fenster und URL's zu öffnen und auf den Benutzer-Input zuzugreifen und ihn zu verifizieren[98].

2.7.4 HTML mit ActiveX

ActiveX-Controls stellen eine Konkurrenz zu den Java-Applets dar. Auf ActiveX-Controls wird in HTML-Seiten verwiesen. Sie werden durch den Browser vom Web-Server geladen und im Browser ausgeführt.

Die ActiveX-Controls werden in Sprachen wie VisualBasic, C++ oder Java entwickelt. Sie können sowohl als eigenständige Programme als auch zur Erweiterung anderer Programmobjekte um ActiveX-Funktionen genutzt werden. ActiveX wird von Microsoft favorisiert und findet Unterstützung im eigenen Internet Explorer. Auch andere Browser integrieren ActiveX mittlerweile in ihr Konzept[99].

Von Experten wird ActiveX als „Virus Delivery System" eingestuft, mit dem im Netzwerk vernichtende Effekte erzielt werden können[100]. Dies begründet sich dadurch, daß bei ActiveX die Kontrollinstanz fehlt, die die Zugriffsmöglichkeit der ActiveX-Controls begrenzt. Böswillig programmierte Controls können vollständige Kontrolle über den Rechner erlangen und große Schäden anrichten[101]. Als weiterer Nachteil von ActiveX muß die fehlende Plattformunabhängigkeit angeführt werden, was als Versuch zu deuten ist, die Vormachtstellung der Gates-Company auf das von Microsoft noch nicht dominierte Internet auszuweiten[102].

[98] Vgl. Surfas/Brown/Jung; HTML im Intranet (1997), Seite 691
[99] Vgl. Fochler/Perc/Ungermann; Lotus Domino 4.5. (1997), Seite 120
[100] Vgl. Tamberg, Daniel; Angstschweiß bei Microsoft, iw 8/97, Seite 109
[101] Vgl. Grigoleit, Uwe; FrontPage 97 (1997), Seite 200
[102] Vgl. Reibold/Schmitz/Seeger; Die Rivalen, iX 2/97, Seite 109

2.8 Multimedia für betriebliche Aufgaben im Internet/Intranet

2.8.1 Audio und Streaming Audio

Die Integration von Klang in HTML-Dokumente ist ein beliebtes Stilmittel. Überaus viele Computer verfügen heute über die Möglichkeit, Klangdateien wiederzugeben. Wird diese Fähigkeit aus WWW-Dokumenten heraus angesprochen, trifft dies immer wieder auf begeisterte Reaktionen der Anwender. Klang kann dabei quasi um seiner selbst willen und unabhängig vom Dokumenteninhalt verwendet werden. Wesentlich sinnvoller und im Sinne von multimedialer Präsentation pragmatischer ist die Verwendung zur Untermalung des Dokumenteninhalts.

Das wahrscheinlich am weitesten unterstützte Soundformat ist das WAV-Dateiformat. Ein weiteres beliebtes Soundformat ist Audio IFF (AIFF), das von Apple eingeführt wurde. Desweiteren gibt es ein Sounddatei-Format namens AU (Audio-Sounddatei), das von SUN Microsystems und NeXT entwickelt wurde und das normalerweise im Umfeld von Arbeitsplatzrechnern angetroffen und unterstützt wird. Sowohl der Netscape Navigator als auch der Internet-Explorer unterstützen MDI (Musical Instrument Digital Interface)-Sounddateien.

Das alte Verfahren zum Abspielen von Sounddateien besteht darin, daß die Sounddateien zunächst vollständig auf den Client geladen und dann das passende Abspielprogramm aufgerufen wird. Beim neuen Verfahren wird die Sounddatei schon beim Lesen vom Server abgespielt, dies nennt man Streaming Audio[103].

Ein weiterer Schritt besteht darin, Töne in Echtzeit aufzuspielen und wiederzugeben. Ein Beispiel dafür ist die Internet Telephonie, die im Folgenden behandelt wird.

---

[103] Vgl. Fochler/Perc/Ungermann; Lotus Domino 4.5. (1997), Seite 84

2.8.2 *Internet Telephonie*

Um mit dem Internet zu telephonieren, benötigt der Nutzer keine besonderen Geräte, sondern nur das normale Telefon. Mit dem Telefon wird eine Internet Zugansstelle angewählt, die möglichst über eine lokale Verbindung erreicht werden sollte. Im Anschluß muß sich der Nutzer als Berechtigter ausweisen und wählt die gewünschte Telefon-Nummer. Die analogen Daten des Telefons werden an Internet-Zugangsstellen in digitale umgewandelt (sample), zusätzlich noch komprimiert und über das Internet/Intranet (das Internet/Intranet verwendet Paketvermittlung) an die Ziel-Zugangsstelle weitergeleitet. Dort werden diese Daten dann wieder entkomprimiert und von digital in analog zurückversetzt.

Der Internet Telephonie steht voraussichtlich eine große Zukunft bevor, vor allem die Überseegespräche werden dadurch erheblich günstiger. Viele inländische Unternehmen die Tochter-Unternehmen in anderen Ländern unterhalten, werden in der Lage sein, Gespräche über das Internet zu führen. Im Internet könnten z.B. die derzeitigen Kosten eines Transatlantik-Calls von etwa einem Dollar auf lediglich vier Cent gesenkt werden. Bedingung für eine breite Akzeptanz sind aber eine wesentlich bessere Qualität sowie eine breite Standardisierung[104].

Firmenintern ist die Internet Telephonie besonders interessant, da die Telephongespräche evtl. über schon bestehende firmeneigene Datenkommunikationsnetze geleitet werden können. Ein weiterer Vorteil ist, daß die Firmen Kontrolle über die Kapazität ihrer Netze haben. Eine Überlastung des Netzes kann zu einer wesentlichen Verschlechterung der Qualität der Telephongespräche führen. Die Qualität eines Gesprächs durch Internet Telephonie entspricht allerdings auf keinen Fall der eines konventionellen Telefongesprächs.

---

[104] Vgl. Frey, Jürgen; Doppelkopf, PC Magazin 7/97, Seite 72

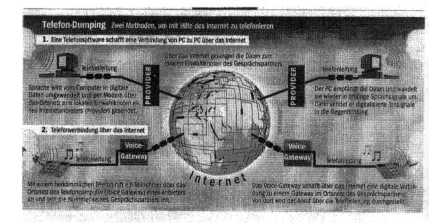

Abbildung 21: Schaubild für Internet Telephonie[105]

2.8.3 Video und Streaming Video

Durch große Fortschritte bei Kompressionsverfahren und aufgrund der im Internet zunehmend höheren verfügbaren Übertragungsgeschwindigkeiten wurden inzwischen auch Echtzeit-Audio- und Video-Anwendungen für die große Masse der Internetbenutzer verfügbar. Durch den Einsatz im öffentlichen Internet und die damit verbundene Popularität standen plötzlich eine Vielzahl von audiovisuellen Anwendungen zur Verfügung, die damit audiovisuelle Kommunikation auch in Intranets ermöglichen[106].

---

[105] "Internet-Telefonie für jedermann", Der Spiegel 18/97, Seite 116
[106] Vgl. Kyas, Othmar; Corporate Intranets (1997), Seite 145

Abbildung 22: Bedieneroberfläche eines Videokonferenzsystems[107]

Damit werden in Intranets auch Videokonferenzen bis hin zum Arbeitsplatz für die moderne Kommunikation nutzbar. Für Unternehmen bedeutet dies, daß Videoanwendungen nun erstmals nicht nur unter hohem Personal- und Kostenaufwand, sondern in der Breite für eine größere Anzahl von Mitarbeitern nutzbar werden. Anwendungen wie Telearbeit, Telelearning oder Videokonferenzen können damit im großem Umfang genutzt werden.

Das beliebteste Video-Format im Internet ist Quicktime von Apple. Desweiteren gibt es noch das Microsoft-Video-Format AVI, das auch unter der Bezeichnung Video für Windows firmiert. Für die unterschiedlichen Browser bestehen noch einige Möglichkeiten, ihre Darstellungsfähigkeiten zu erweitern. Einige der Video-Formate beherrschen sogar Streaming-Video, die Möglichkeit, Video-Dateien aus einer laufenden Datenübertragung heraus darzustellen[108].

Die großen Probleme beim Video und Streaming-Video liegen in der schlechten Bildqualität, sowie in dem kleinen Format in dem die Bilder bisher nur dargestellt werden können. Durch die hohe Auslastung des Internets entstehen

---

[107] Kyas, Othmar; Corporate Intranets (1997), Seite 146
[108] Vgl. Fochler/Perc/Ungermann; Lotus Domino 4.5. (1997), Seite 85

auch immer wieder Verzögerungen in der Übertragung, wobei die Bilder in den meisten Fällen in einer Art Zeitlupe ablaufen. Es sind für die Zukunft auch keine Software-Lösungen für das Internet/Intranet in Sicht, die diese Schwächen beheben oder ausschließen, ganz im Gegensatz zu den LAN's, für die es genügend Software gibt, so daß z.B. Videokonferenzen in bester Ton- und Bildqualität auf Bildschirmgröße geführt werden können. In den LAN's ist die Übertragungskapazität unter Kontrolle des Unternehmens.

2.8.4 VRML (3-D Web)

VRML (Virtual Reality Modeling Language) ist ein Programmierstandard zur Erzeugung dreidimensionaler Darstellungen im WWW. Es handelt sich bei VRML um ein universales, plattformunabhängiges Format zur Präsentation von 3D-Modellen. Der effektivste Weg zu fertigen VRML-Dateien besteht in der Verwendung von gängigen Programmen zur 3D-Modellierung oder CAD und der anschließenden Ausgabe oder Konvertierung in VRML[109].

---

[109] Vgl. Hase, Hans-Lothar; Wiederverwertung, iX 5/97, Seite 80

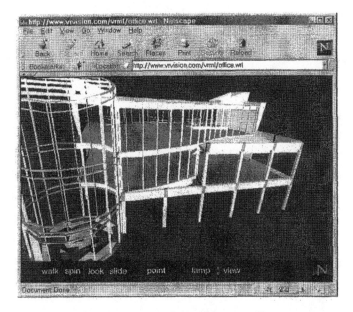

Abbildung 23: Beispiel einer VRML-Seite[110]

Zu den Nachteilen von VRML gehören fehlende Standardisierung der Entwicklungstools, schlechte Performance sowie großes Datenaufkommen und die daran gekoppelte eingeschränkte Szenengröße. Dies weckt den Wunsch nach Alternativen wie z.B. das für Präsentationen im Inter- und vor allem im Intranet eingeführte Multimedia-Format QuickTime von Apple. Die schwedische Firma Ragunda bietet ein ActiveX-Control namens StageX, welches das Begehen von virtuellen Räumen ermöglicht. RealiMation oder andere 3D-Tools von Datapath sind sowohl innerhalb von Web-Seiten mit Browser-Plug-In oder Add-On unter Explorer oder Netscape Navigator einsetzbar[111].

---

[110] Kyas, Othmar; Corporate Intranets (1997), Seite 218
[111] Vgl. Schmitz, Ulrich; Blickfang, iX 5/97, Seite 86

2.9   SAP und das Internet/Intranet

SAP ist der weltweite Marktführer für unternehmensweite Business Software (Business Solutions). Über 6.000 Firmen in über 50 Ländern nutzen die Produkte der SAP AG[112].

Inzwischen wird auch die weit verbreitete Standardsoftware R/3 der SAP AG internetfähig gemacht. Das bedeutet zunächst, daß auf R/3-Daten mit Browsern zugegriffen werden kann. Nachdem andere Softwarehäuser solche Schnittstellen geschaffen haben, hat sich auch SAP in Richtung Internet bewegt. Das ist natürlich für alle betriebswirtschaftlichen Bereiche relevant, die von R/3 abgedeckt werden[113].

---

[112] Vgl. Mocker, H & U; Intranet-Internet im betriebswirtschaftlichen Einsatz (1997), Seite 227
[113] Vgl. Alpar, Paul; Kommerzielle Nutzung des Internet (1996), Seite 242

3 Betriebliche Anwendungsfelder

3.1 Marketing

3.1.1 Telefonieren im Internet

Der Kontakt zu den Vertriebsgesellschaften läuft im großen und ganzen über das Internet, mit Hilfe von e-mail. Doch das Versenden von e-mail kann nicht komplett den persönlichen Kontakt ersetzen. Da längere Telefongespräche nach Übersee auf Dauer eine sehr teure Angelegenheit werden können, hat die Köttgen GmbH & Co. KG die Internet Telephonie eingeführt. Die täglichen Telefongespräche nach Übersee laufen jetzt über das eigene Computernetzwerk bzw. den lokalen Provider, wodurch die Übersee-Telefonkosten erheblich gesunken sind. Ein Problem stellt allerdings die schlechte Qualität sowie die fehlende Standardisierung dar.

(siehe Internet Telephonie)

3.1.2 Marktforschung

Der Marktforschungsprozeß kann in folgende Phasen unterteilt werden: Definition des Problems, Festlegung der Forschungsziele, Konzipierung des Forschungsplans, Datenerhebung, Analyse der Erhebungsergebnisse und Darstellung der Befunde[114].

Bei den Datenquellen unterscheidet man zwischen Primär- und Sekundärdaten bzw. -quellen. Primärdaten sind diejenigen, die man speziell für den Untersuchungszweck erhebt. Wenn man sich für Sekundärquellen entscheidet, sind die meisten anderen Dimensionen der Datenerhebung vorgegeben, weil die Daten bereits erhoben sind. Man muß die vorhandenen Daten und Dokumente „nur" finden und auswerten. Wenn man Primärdaten erheben will, muß man auch die Erhebungsmethode und –instrumente auswählen, einen Stichprobenplan aufstellen und die Befragungsform wählen. Im Prinzip können im Internet alle gängigen Erhebungsmethoden und –instrumente zur Anwendung kommen. Zu den gängigen Erhebungsmethoden der Primärforschung gehören die Beobachtung, die Befragung und die automatische Registrierung. Allerdings können manche Methoden im Internet nur bei bestimmten Fragestellungen eingesetzt werden. So kann man z.b. die Methode der Beobachtung anwenden, wenn man Benutzer bei ihrem Informationsnachfrageverhalten beobachten möchte, aber nicht, wenn man Konsumenten beim Verbrauch von Konsumartikeln beobachten will (es sei denn, sie leben mit einer auf sie ausgerichteten Kamera, die an das Internet angeschlossen ist)[115].

Interessanter, weil neuer, sind die internetspezifischen Sekundärdatenquellen. Die meisten renommierten Anbieter von kommerziellen Datenbanken haben inzwischen einen Zugang über das Internet für ihre Kunden geschaffen. Zweitens gibt es immer mehr nicht-kommerzielle Datenbanken, auf die nun auch über das Internet zugegriffen werden kann. Ein Beispiel sind Bibliotheksbestände von Universitäten, die vorher eventuell nur lokal nutzbar waren. An nicht-kommerzielle Datenbanken kommt man über Telnet, Gopher und WWW heran. Manchmal wird FTP für den Datei- und Dokumententransfer zur Verfügung gestellt, und in manchen Fällen kann man sich die Suchergebnisse per e-mail zuschicken lassen.

(siehe Zugriff auf Datenbanken, Datenkommunikation, e-mail)

3.1.3 Werbung

Die Werbung im Internet kommt nur bei solchen Produkten oder Dienstleistungen in Frage, die von Internetbenutzern üblicherweise bezogen werden. Denn während man über die genaue Zahl der Internauten nicht informiert ist, kennt man das Profil der regelmäßigen Benutzer recht gut. So wird man zur Zeit das Internet wahrscheinlich nicht als Werbemedium für Produkte in Betracht ziehen, die vorwiegend von Frauen oder älteren Menschen gekauft werden. Aufgrund des relativ hohen Engagements, das beim Abruf von Werbung im Internet erforderlich ist, kann man annehmen, daß es sich für komplexe Produkte mit hohem Erklärungsbedarf eignet. Weiterhin kommen unabhängig von ihrer Komplexität Produkte in Frage, die starker Konkurrenz unterliegen und bei denen Verbraucher einfach nach günstigeren Preisen suchen. Ein Mo-

---

[114] Vgl. Kotler/Bliemel; Marketing-Management (1992)
[115] Vgl. Alpar, Paul; Kommerzielle Nutzung des Internet (1996), Seite 237

tiv für die Werbung im Internet kann auch sein, sich durch Präsenz an das Image des Internet als ein „cooler" Ort, der „in" ist, daranzuhängen. Internetnutzer sind zudem eine interessante Kundschaft, da sie überdurchschnittlich gut verdienen.

Die Köttgen GmbH & Co. KG hat sich aus zwei Gründen dafür entschieden Werbung im Internet zu betreiben. Der erste Grund ist, daß das Internet der beste Ort ist, um die komplexen Produkte der Köttgen GmbH & Co. KG vorzustellen. Ein Verkauf über das Internet ist aufgrund dieser Komplexität nicht möglich. Auf der Homepage werden graphische und technische Darstellungen, sowie kurze Produktbeschreibungen, die auch die technischen Daten enthalten, veröffentlicht. Der zweite Grund wäre der Imageverlust, der durch fehlende Präsenz im Internet entstehen könnte. Eine Firma wie die Köttgen GmbH & Co. KG kann es sich aufgrund des hart umkämpften Marktes für Regalförderzeuge nicht leisten, gegenüber der Konkurrenz dadurch zurückzustehen, daß sie im Internet nicht mit einer Homepage vertreten sind.

Die Werbung im Internet ist auch deshalb sinnvoll, weil die Kunden meistens Firmen sind. Man kann davon ausgehen, daß Firmen Zugang zum Internet haben oder bald haben werden.

Ebenfalls ein wichtiger Punkt der Werbestrategie des Unternehmens ist die Information der Kunden über neue technische Entwicklungen oder Veränderungen innerhalb des Unternehmens. Hierzu versendet die Köttgen GmbH & Co. KG in regelmäßigen Intervallen e-mail's an frühere oder neue Kunden.

Einen hohen Stellenwert in der Unternehmensphilosophie der Köttgen GmbH & Co. KG nimmt auch die Kundenpflege ein. Deshalb ist es selbstverständlich, daß eine gewisse Zeit nach der Auslieferung von Produkten über das Internet ein Fragebogen per e-mail an den Kunden gesandt wird, um sich über den Zufriedenheitsgrad und die Erfahrungen mit dem Produkt zu erkundigen. Diese Informationen dienen zur Qualitätssicherung der Leistungen der Unternehmung. *(siehe Electronic Publishing, Multimedia für betr...., e-mail)*

3.1.4 Öffentlichkeits- und Pressearbeit

3.1.4.1 Firmenhomepage

Die Öffentlichkeitsarbeit unterstützt den Verkaufsprozeß für ein Produkt. Einerseits indirekt, indem ein Unternehmen bekannt gemacht, good-will für das Unternehmen und seine Produkte erzeugt wird. Andererseits wird der Prozeß direkt unterstützt, wenn auf bestimmte Produkte aufmerksam gemacht wird, etwa bei ihrer Markteinführung.

Wie viele andere Unternehmen hat auch die Köttgen GmbH & Co. KG eine eigene Homepage im Internet. Sie enthält Veröffentlichungen, Unternehmensnachrichten und Vorträge. Ebenso bietet das Unternehmen den Mitarbeitern die Möglichkeit, an Diskussionen (in Diskussionsgruppen) teilzunehmen, die sich mit den Produkten des Unternehmens oder Entwicklungen im Unternehmen beschäftigen. Allerdings wird hierbei genau geregelt, wer was und wie sagen darf. Denn selbst privat geäußerte Meinungen von Mitarbeitern eines Unternehmens über die Produkte eines Unternehmens haben hohes Gewicht. Viel Wert wird auch darauf gelegt, daß die Diskussionen sich nicht zu Werbeveranstaltungen entwickeln, sondern die Diskussionsteilnehmer und –beobachter informiert werden.

Die Entwicklung von Firmen-Homepages für das Internet liegt bei der Köttgen GmbH & Co. KG in der Verantwortung der Abteilungen für Kundendienst, Marketing und Verkauf. Einer der Gründe dafür ist, daß die Kunden von den Firmen letzendlich verlangen mehr auf ihr Support-Bedürfnis zu reagieren. Die Kunden wünschen sich nicht, in Warteschleifen zu hängen, um sich Produktinformationen anzuhören. Support-Gruppen, die nicht unmittelbar mit der Außenwelt in Verbindung stehen, müssen sich oft beim Verkaufs- und Marketing-Personal durchfragen, um auf Wünsche der Kunden eingestimmt zu sein. Auch zwischen dem Verkaufs- und dem Marketing-Personal ist das Informations-Sharing nicht so üblich, wie es eigentlich sein sollte. Deshalb bietet die Internet-Homepage der Köttgen GmbH und Co. KG den Kunden die Möglichkeit, Fragen zu stellen und Kommentare zu den einzelnen Produkten oder dem Unternehmen auf der Homepage abzugeben.

Mit Hilfe des Intranets wurden die Kunden das Zentrum der Aufmerksamkeit der Köttgen GmbH & Co. KG. Die Kommentare und FAQ (oft gestellte Fragen) der Kunden wurden auf die interne Marketing- und Verkaufs-Homepage gebracht. Auf diese Art kann jedermann im Unternehmen sehen und verstehen, was die Kunden wirklich von den Produkten und dem Unternehmen halten und wie sie darüber denken. Dabei hat man bei der Köttgen GmbH & Co. KG keine Angst davor, auch negative Kommentare im Intranet aufzuführen. Jedermann soll an der Frustration teilhaben, welche die Kunden dem Kundendienst oder Verkauf gegenüber aufgrund eines Produktes oder Services von niedriger Qualität kund tun.

(siehe Newsgroups, HTML-Formulare)

3.1.4.2 Kontaktpflege

Unter Kontaktpflege versteht man den Kontakt zum Kunden nach einem Verkauf zwecks Aufbau und Festigung der Beziehung zum Kunden.

Die Köttgen GmbH & Co. KG versendet seine Feiertagsgrüße inzwischen per e-mail. Wenn, von den beim Kunden für den Einkauf zuständigen Personen, die e-mail-Adresse und das Geburtsdatum bekannt ist, werden Geburtstagsgrüße (automatisch) per e-mail versandt.

(siehe e-mail)

3.1.4.3 Informationen über Messen

Ein Instrument der Absatzförderung, das besonders bei Investitionsgütern angebracht ist, sind Messen und Ausstellungen. Heute werden viele Messen bereits im Internet präsentiert. Das reicht von einfachen Ankündigungen bis zu genauen Ausstellerverzeichnissen und Lageplänen der einzelnen Stände. Mit der Internetversion der Messe erhält man unter Umständen eine ausgezeichnete Gelegenheit zur Absatzförderung. Man kann auf diese Weise auch Kunden erreichen, die die eigentliche Veranstaltung gar nicht besuchen. Außerdem gibt es Messen und Ausstellungen, die nur im Internet stattfinden.

Die Köttgen GmbH & Co. KG hat in ihrer Homepage Verweise auf Internet-Seiten der verschiedenen im laufenden Jahr stattfindenden Messen, an denen das Unternehmen teilnimmt. Die Kunden, welche die einzelnen Messen besuchen wollen, können so einen schnellen Überblick über die einzelnen Messe-Hallen erhalten und natürlich über den Standort des Köttgen-Messe-Standes. *(siehe Electronic Publishing)*

3.1.5 Angebotserstellung

Durch Workflow lassen sich Arbeitsschritte über Abteilungs- und Funktionsgrenzen hinweg automatisieren und kontrollieren. Informationen zu einzelnen Vorgängen werden regelgesteuert von einem Bearbeiter zum nächsten weitergeleitet. Gleichzeitig wird fortwährend ein Einblick ermöglicht, welcher Mitarbeiter den Vorgang bearbeitet und was bereits erledigt ist. Ebenso läßt sich analysieren, wie der Prozeß als Ganzes funktioniert, ob und wo Engpässe auftreten sowie welche Teilaspekte zu beachten sind.

Eine Anfrage für ein Regalförderzeug kann so über den Vertrieb in die Konstruktion gelangen, in der für den angefragten Modelltyp mit eventuellen Sonderwünschen die entsprechenden Baukastenstücklisten aus dem Konstruktionssystem herausgesucht werden. Im Einkauf werden anhand dieser Stücklisten dann die benötigten Materialien mit den dazugehörigen aktuellen Preisen dem Warenwirtschaftssystem entnommen. In diesem Zusammenhang kann im Vorfeld schon abgeklärt werden, ob die Gefahr besteht, daß Engpässe in der Materialbeschaffung entstehen. Während dessen wurden in der Arbeitsvorbereitung die Maschinen- und Personalstunden zur Fertigung des Regalförderzeuges einer Datenbank entnommen. Auch hier können eventuelle auftretende Engpässe bei der Maschinenbelegung in bezug auf den gewünschten Liefertermin schon frühzeitig erkannt und weitergegeben werden. Die Daten aus dem Warenwirtschaftssystem und dem Arbeitsvorbereitungssystem können nun an den Verkauf weitergeleitet werden. Im Verkauf wird nun anhand der übermittelten Daten ein Angebot kalkuliert.

Während des ganzen Prozesses konnten Mitarbeiter, wie z.b. der Außendienstmitarbeiter, der den Kontakt mit dem anfragenden Unternehmen geknüpft hat, von seinem Arbeitsplatz aus den Stand der Angebotserstellung verfolgen und kontrollieren. Großen und bedeutenden Kunden kann die Möglichkeit gegeben werden, einen laufenden Einblick in den Stand der Bearbeitung der Anfrage oder auch der späteren Produktion zu erhalten.

(siehe Workflow, Zugriff auf Datenbanken)

3.1.6 Vertriebsinformationen

3.1.6.1 Informationsmanagement im Außendienst

Neben kundenbezogener Information hilft das Intranet der Köttgen GmbH & Co. KG auch dabei, schnell Informationen über die neuesten Preise, Neugründungen und die Produktpalette der Konkurrenz an die eigenen Verkäufer weltweit zu verteilen. Ohne das Intranet müßten die Verkäufer auf ein Verkäufertreffen warten, um etwas über die neuesten Strategien der Wettbewerber zu erfahren. Die schnelle Informationsverteilung an den Marketing- und Verkaufsstab sollen Vorteile gegenüber dem Wettbewerb bieten. Ein Verkäufer im Außendienst der Köttgen GmbH & Co. KG kann auch leicht über das Intranet mit der Firma Kontakt aufnehmen und sich die neuesten Verkaufs-Präsentationen herunterladen, bevor er sich mit dem nächsten Kunden trifft. Der zentrale Aufbewahrungsort von Verkaufs-Präsentationen hilft dem Mitarbeiter, die Zeit zu verringern, die für das Erstellen für Verkaufs-Präsentationen nötig ist. Daraus ergibt sich, daß die Verkäufer mehr Zeit für die Kunden haben. Dies alles kann dazu führen, daß Betriebskosten gemindert und dabei die Geschwindigkeit der Informationsverteilung an die Verkäufer und Marketing-Mitarbeiter weltweit erhöht wird.

(siehe Multimedia für betr....., Electronic Publishing, Zugriff auf Datenbanken)

3.1.6.2 Dokumentenmanagement im Außendienst

Eine mobile Version des Dokumentenmanagements ermöglicht es, Dokumente aus Netzwerkbibliotheken auf Notebooks auszulagern. Die Dokumente können dann unterwegs bearbeitet und ergänzt werden, ebenso können auch neue Dokumente erstellt werden. Später können die Dokumente auf dem Notebook wieder mit der Netzwerkbibliothek abgeglichen werden. Für eine direkte Verbindung vom Notebook zur Netzwerkbibliothek bzw. zum Firmennetz benötigt man einen „Telefonanschluß". Dies ist nicht immer gewährleistet.

Die Außendienstmitarbeiter der Firma Köttgen GmbH & Co. KG lagern vor Reisebeginn ihre benötigten Dokumente auf ihr Notebook aus, um die Dokumente im Außendienst mobil zu bearbeiten bzw. neu zu erstellen. Zu diesen Dokumenten gehören z.b. Auftragsformulare, Produktinformationen, Kundendateien oder auch Reisekostenabrechnungen. Diese Dokumente können dann später in der Konzernzentrale wieder problemlos in das Netzwerk eingelagert werden. Die Dokumentenintegrität wird dabei komplett durch das System abgewickelt. Die mühselige Alternative, große Aktenberge zu bewegen bzw. Dokumente kopieren zu müssen, gehört damit der Vergangenheit an.

(siehe HTML, Electronic Publishing)

3.2 Data Warehouse

Die Köttgen GmbH & Co. KG legt viel Wert auf eine optimale Nutzung der im Unternehmen vorhandenen Informationen und hat daher in vielen Bereichen Data Warehouse-Datenbanken aufgebaut. Auch im Vertriebsbereich „Kabelgarnituren" findet eine permanente Analyse der Marktsituation mit Hilfe von Daten aus Data Warehouse-Datenbanken statt.

Der Verkaufsleiter für Kabelgarnituren ruft die Datenbank der Köttgen GmbH & Co. KG auf und sichtet die regionalen Umsatzzahlen für Kabelgarnituren der vergangenen acht Quartale. Anhand der Slice-and-Dice-Technologie bereitet er die Informationen in Form von Kreuztabellenberichten oder dreidimensionalen Grafiken auf. Regionen, die sich in einem bestimmten Quartal über oder unter dem Durchschnitt präsentieren, lassen sich auf einen Blick erkennen. Um festzustellen, warum die Umsätze in einem Gebiet besonders schwach waren, setzt der Verkaufsleiter die sogenannte Drill-Down-Technik ein. Das System weist sämtliche Städte in dieser Region aus, die von der Flaute betroffen waren. Nun heißt es, die Produkte zu ermitteln, die in dem bestimmten Zeitraum in diesem Gebiet verkauft wurden. Dazu ist das Abrufen weiterer Informationen aus der

Datenbank erforderlich. Verbindet man die neu gewonnenen Daten mit der ursprünglichen Abfrage, wird die Analyse erweitert und der Verkaufsleiter erhält Antworten auf seine Fragen. Abschließend formatiert er die Informationen so, daß alle bedeutsamen Daten hervorgehoben und die Präsentationsstandards eingehalten werden.

(siehe Data Warehouse, Zugriff auf Datenbanken, Data Mining)

3.3 Qualität

Der Druck, qualitativ hochwertige Waren zu niedrigen Produktionskosten und bei einem guten Service zu erzeugen, hat schon viele Leute dazu gebracht, die Art, wie sie ihre Jobs machen, neu zu überdenken. Der Qualitätsgedanke muß in der Firma bis in den letzten Winkel, auch bis zu der minderwertigsten Tätigkeit durchdringen.

Das Intranet dient der Köttgen GmbH & Co KG dazu dies zu erreichen, indem es die Qualitätsziele des Unternehmens und die daraus resultierenden Herausforderungen jedermann vor Augen führt. Die Homepage der Qualitätssicherungsabteilung enthält die neuesten Qualitätsberichte und Diagramme, ebenso wie die der Konkurrenz. Jeder Mitarbeiter soll darauf mit kontinuierlicher Qualitätssteigerung reagieren, wenn er sieht, wie der Qualitätslevel der Konkurrenz im Vergleich zu den eigenen Produkten und Dienstleistungen steht. Mit Hilfe des Intranets kann die Qualitätssicherungsgruppe ihre Rolle dahingehend ausweiten, daß sie alle Beschäftigten kontinuierlich und bei geringen Kosten schult. Die Schulungsunterlagen können via Intranet online zur Verfügung gestellt werden. So erhalten die Mitarbeiter auch Zugriff auf die neuesten Qualitätstrainings-Videos und Multimedia-Produkte. Zu den in der Qualitäts-Homepage veröffentlichen Informationsschriften gehören Qualitätshandbücher und Richtlinien, wie auch alle monatlichen Qualitätsberichte.

(siehe Multimedia für betr......, Electronic Publishing)

3.4 Kiosk

3.4.1 Mitarbeiterhomepage

Eine hervorragende Möglichkeit eines Intranets besteht darin, Mitarbeitern zu helfen, ihre eigene Erfahrungen mit dem Rest des Unternehmens zu teilen. Eine Form dafür ist die persönliche Homepage des Mitarbeiters. Dieser Online-Personalbogen der Mitarbeiter, gibt dem Mitarbeiter die Gelegenheit, über ihre Arbeit zu sprechen, ihre Hobbies aufzuführen und ihre Erfahrung mit den anderen Kollegen auszutauschen. Die persönliche Web-Seite enthält auch oft gestellte Fragen, die dem besseren Kennenlernen der auf der Web-Seite vorgestellten Person dient. Der Inhalt einer persönlichen Homepage ist für alle Mitarbeiter zugänglich, ungeachtet ihrer Position im Unternehmen oder ihres geographischen Aufenthaltsortes. Die Mitarbeiter mit einem speziellen Problem können die Web-Seiten nach einem im Hause befindlichen Fachmann durchsuchen, um Hilfe zu erhalten. So werden nicht nur Probleme schneller gelöst, es wird auch das Teamwork unter den Firmenangehörigen gefördert. Indem das Firmenwissen für jedermann erreichbar wird, entwickelt das Unternehmen als Ergebnis einen stärkeren Gemeinschaftssinn.

(siehe HTML, Electronic Publishing)

3.4.2 Newsmanagement

Ein Teil der Mitarbeiter hat sich den „Pointcast"-Bildschirmschoner, der über das Web kostenfrei abgerufen werden kann, heruntergeladen. Pointcast durchsucht das Web weltweit nach Informationen, wie beispielsweise nach Börsenkursen oder den neuesten Nachrichten aus Politik, Wirtschaft und Kultur. Die Ergebnisse werden auf dem Bildschirm dargestellt, sobald an dem PC über einen gewissen Zeitraum hinweg nicht gearbeitet wird.

(siehe Search Engines, Future Tense)

3.4.3 Planung der Geschäftsreisen

Die Geschäftsreisen von Mitarbeitern der Köttgen GmbH & Co. KG, werden inzwischen ebenfalls komplett über das Intranet geplant und organisiert. Ein Beispiel:

Der Abteilungsleiter des Vetrieb/Regalförderzeuge erhält einen dringenden Anruf aus Canada vom dortigen Niederlassungsleiter, der für die Verhandlungen mit einem potentiellen Großkunden die Hilfe eines Vetriebs-Spezialisten benötigt. Schon am nächsten Morgen, so die Order des Abteilungsleiters an seinen Mitarbeiter, soll dieser zu den Verhandlungen nach Canada fliegen. Der Vetriebs-Mitarbeiter aus Köln loggt sich noch am selben Abend an seinem PC in das firmeninterne Intranet ein. Dort bucht er seinen Flug und reserviert anschließend ein Zimmer aus dem konzerneigenen Hotelprogramm.

Dann prüft er, welche S-Bahn er in Köln nehmen muß, um rechtzeitig am Flughafen einchecken zu können. Zusammen mit den Buchungsbelegen läßt er außerdem Wegbeschreibung und Verkehrsmittelempfehlung für die Fahrt vom Airport in Toronto zur Niederlassung ausdrucken. Zum Schluß verrät ihm sein Computer sogar noch, wie er im fernen Canada den ersten Abend verbringen wird: Die Kollegen vor Ort haben ihm den Namen und die Lage des Restaurants im Netz hinterlegt, indem sie sich mit ihm treffen wollen.

(siehe Datenbankabfragen im Intranet, e-mail)

3.5   Personalmanagement

Die gestalterischen Aufgaben in der Funktion Personalmanagement kann man in vier Gebiete unterteilen: Personalbedarfsplanung, -beschaffung, -entwicklung und –einsatzplanung. Die Personalbedarfsplanung beinhaltet die Bestimmung der qualitativen und quantitativen Personalbedürfnisse einer Organisation. In diesem Bereich ist der Nutzen des Einsatzes der Internet/Intranet-Technologie als äußerst gering anzusehen.

Bei der Personalbeschaffung hofft die Personalabteilung durch das Internet die Effektivität der Personalsuche zu erhöhen, als auch die Kosten zu senken. Die Effektivität wird im Vergleich zu Stellenangebotsanzeigen in Zeitungen dadurch erhöht, daß man im Internet mehr und bessere Informationen anbieten kann. Die im WWW veröffentlichten Stellenanzeigen der Köttgen GmbH & Co. KG enthalten Verknüpfungen zur Firmen-Homepage, sowie Photos des Firmengeländes. Dies bietet den potentiellen Bewerbern die Möglichkeit sich schnell und umfangreich über die Stelle und das Unternehmen zu informieren. Der Bewerber kann sich dann durch e-mail oder mit dem interaktiven Formular auf schnellstem Wege mit dem Unternehmen in Verbindung setzen. Eine andere Alternative der Bewerbersuche ist die zielgruppenspezifische Positionierung der Angebote. Die Personalabteilung verschickt des öfteren auch Stellenangebote als Beiträge an geeignete Diskussionsgruppen.

Auch bei der Personalentwicklung der Köttgen GmbH & Co. KG, die zu einem großen Teil Weiterbildung bedeutet, wird das Internet eingesetzt. Das gilt sowohl für interne Schulungen als auch für die Ausbildung durch externe Institutionen. Es gibt schon Universitäten, die ganze Veranstaltungen und Studiengänge über das Internet abwickeln. Ebenso fehlte bisher im Unternehmen eine solide Informationsbasis für eine mittel- oder langfristige Nachfolgeplanung. Nachdem die Personalentwicklungs-Datenbank auf einem Intranet-Server für den Zugriff eingerichtet wurde, kann jeder berechtigte Benutzer im Unternehmen mit einem beliebigen Web-Browser auf die Daten zugreifen. Die Daten sind jederzeit online verfügbar und können aktualisiert werden. Dies ist ein wichtiger Schritt zur papierlosen Verarbeitung. Berichte, die bisher in Papierform weitergegeben wurden, sind nun online jederzeit und an jedem Ort der Welt verfügbar. Ein durchdachtes Sicherheitssystem gewährleistet, daß der jeweilige Benutzer nur auf die Daten zugreifen darf, die laut seines Zugriffsprofils freigegeben sind. Zusätzlich werden die Daten in verschlüsselter Form übertragen.

Bei der Personaleinsatzplanung gibt es wiederum geringe Einsatzmöglichkeiten des Internets.

(siehe Electronic Publishing, e-mail, Zugriff auf Datenbanken)

3.6 Finanzabteilung

3.6.1 Wirtschaftsinformationen

Das Internet wird von der Köttgen GmbH & Co. KG auch zur Beschaffung von finanzbezogenen Daten genutzt. Dort kann man z.B. wichtige Unternehmensnachrichten finden wie Börsenkurse, Geschäftsberichte, Übernahmeofferten und signifikante Verschiebungen der Eigentumsanteile. Aber nicht nur Börsengeschäfte und Finanztransaktionen von taktischer oder strategischer Bedeutung werden über das Internet unterstützt. Auch einfache operative Transaktionen wie Finanzbuchhaltung können in bestimmten Fällen sinnvoll über das Internet abgewickelt werden.

(siehe Search Engines)

3.6.2 Finanzberichte

Wichtig für ein Unternehmen in der Größenordnung der Köttgen GmbH & Co. KG ist die Information der entscheidungsverantwortlichen Personen der Unternehmung (z.B. Abteilungsleiter) über die aktuellen finanzpolitischen Daten. Diesbezüglich werden die monatlichen Finanzberichte in das Intranet gebracht, wo sie allerdings nur von den Personen, die eine Berechtigung haben, eingesehen werden können. Zu den aufgeführten Finanzdaten gehören z.B. Kennzahlen wie der Cash Flow, Außenstände von Forderungen, aktuelle Verbindlichkeiten oder auch das im Unternehmen befindliche Auftragsvolumen usw..

(siehe HTML, Electronic Publishing)

3.7 Materialwirtschaft und Lagerwesen

Ein wichtiges Ziel der Verkaufspolitik der Köttgen GmbH & Co. KG ist auch, den nicht direkt im Werk tätigen Verkaufsmitarbeitern einen schnellen Zugriff auf Informationen die Materialwirtschaft und das Lagerwesen betreffend zu bieten. Für Außendienstmitarbeiter in Deutschland und den Mitarbeitern der Vetriebsniederlassungen in Europa und Übersee wurden Möglichkeiten geschaffen, über das Internet/Intranet in Echtzeit Lagerabfragen und Bestellungen vornehmen zu können. Dies trifft allerdings hauptsächlich auf den Bereich Kabelgarnituren sowie auf das Ersatzteillager zu, da bei der Köttgen GmbH & Co. KG ansonsten alles in Einzelfertigung und auf Bestellung produziert wird. *(siehe Zugriff auf Datenbanken)*

3.8 Einkauf

3.8.1 Internes Bestellwesen

In vielen Unternehmen ist die Anforderung zur Beschaffung von Teilen und Büromaterial ein lästiger und ermüdender Prozeß. Oft muß in verschiedenen Abteilungen angerufen werden, um das entsprechende Formular zu erhalten, diese müssen ausgefüllt und zur Unterschrift und Genehmigung weitergeleitet werden. Die ganzen schriftlichen Unterlagen werden danach an die Einkaufsabteilung weitergegeben, welche die Sachen bestellt. Der gesamte Vorgang kann Tage dauern.

Bei der Köttgen GmbH & Co. KG sind die erforderlichen Formulare und Bestellinformationen im Firmen-Intranet untergebracht. Die ausgefüllten Formulare werden automatisch an die entsprechenden Stellen zur Genehmigung und Bestellung versandt. Zusätzliche Einkaufsinformationen wie Lieferzeiten können direkt abgerufen werden.
(siehe HTML-Formulare, Workflow)

3.8.2 Beschaffung

Die Funktion des Einkaufs ist die Beschaffung von Roh-, Hilfs- und Betriebsstoffen, Maschinen, Büroeinrichtungen, Gebäuden und Grundstücken. Die aktuelle Entwicklung dieser Funktion wird durch zwei Trends geprägt. Einerseits versuchen Unternehmen, die Kosten des Einkaufs durch die Verringerung der Zahl der Lieferanten zu senken. Dadurch werden die Transaktionskosten gesenkt, weil die künftige Suche nach geeigneten Lieferanten reduziert wird, wiederholte Vertragsabschlüsse entfallen und Bestellvorgänge durch einfache Kundenabrufe ersetzt werden. Gleichzeitig wird auch versucht, die Kosten der eingekauften Waren zu senken, weil die Konzentration auf wenige Lieferanten zu größeren Abnahmemengen und damit eventuell zu größeren Mengenrabat-

ten führt. Die Auswirkung dieses Trends kann als eine Vereinfachung und da-
mit ein Verlust an Bedeutung dieser Funktion angesehen werden. Andererseits
führt die Konzentration der Unternehmen auf die Kernfähigkeiten durch das
Outsourcing vieler interner Dienstleistungsfunktionen und der Fertigung von
Teilen und Komponenten (do what you do best, outsource the rest) zu einer
Zunahme des Beschaffungsvolumens. Das kann wiederum als eine wachsende
Bedeutung der Einkaufsfunktion angesehen werden. Der scheinbare Wider-
spruch der beiden Trends läßt sich leicht auflösen, wenn man die Beschaffung
nach Entscheidungsebenen aufgliedert. Die Bedeutung der operationalen Entscheidungen im Einkaufsbereich nimmt tatsächlich ab, teilweise so weit, daß
sie komplett automatisiert werden. Die Auswahl der Lieferanten erhält jedoch
eine herausragende strategische Bedeutung, da die Zusammenarbeit mit den
ausgewählten Lieferanten zu einem der wichtigen Gesamterfolgsfaktoren wird.
Man kann die eigenen Kunden nicht schnell, flexibel und qualitativ gut bedienen, wenn man nicht in gleicher Weise von seinen Lieferanten bedient wird.
Man muß sich auf seine Lieferanten vollkommen verlassen können.

Das Internet kann die strategischen Aufgaben der Beschaffung nur bedingt unterstützen, da hier Vertrauensbildungsprozesse eine große Rolle spielen. Die
Köttgen GmbH & Co. KG nutzt das Internet zur leichteren Informationsbeschaffung über Firmen und Märkte. Bei operationalen Aufgaben und der Ausführung der Beschaffung hat das Internet/Intranet allerdings ein großes Poten-
tial. Der Einkaufsabteilung ist das Internet dabei hilfreich, bessere oder billige-
re Lieferanten auszumachen. Desweiteren wird der Einkaufsvorgang im Unternehmen dadurch unterstützt, daß das Internet als Plattform für den elektronischen Datenaustausch mit anderen Unternehmen (Business-to-Business) dient.
In zunehmenden Maße können Produkte auch direkt über das Internet bestellt
werden.

(siehe Search Engines, e-mail)

3.9 Produktentwicklung

Der Erfolg von Entwicklungsteams hängt immer mehr davon ab, wie gut die
Teammitglieder ihre Erfordernisse und Probleme miteinander besprechen kön-

nen. Oft bestehen Kommunikationsbarrieren zwischen den Mitgliedern eines Entwicklungsteams, da sie über eine weite Distanz geographisch voneinander getrennt sind bzw. verschiedenen Abteilungen angehören. Dies konfrontiert Firmen damit, ein Kommunikationsmedium oder –forum bereitstellen zu müssen, durch das die Teammitglieder Informationen bei Bedarf sofort austauschen können. Das Intranet soll der Köttgen GmbH & Co. KG dabei helfen, ihr Produktentwicklungsteam jederzeit schnell zusammen zu rufen, und dem Team, durch Online-Besprechnungen schnelle Lösungen für Probleme zu finden.

Das Intranet ist für die Entwicklungsteams des Unternehmens der ultimative Informationsspeicher. Teammitglieder haben durch die Benutzung der Produktentwicklungs-Homepage sowohl zu alten Zeichentechniken als auch zu den neuesten technischen Informationen Zugang. Die Produktentwicklungs-Homepage liefert auch den anderen Abteilungen eine Zugangsmöglichkeit zu den neuesten Produktlisten und –anforderungen. Die Produktentwicklungs-Homepage verfügt über Links zur Homepage der Marketing-Gruppen, damit das Team die neuesten Daten der Konkurrenz erhalten kann. Damit die Verkaufs- und Marketingabteilungen auf dem neuesten Stand der Produktentwicklung sein können, existiert auch ein Link von ihrer Homepage zur Produktentwicklungs-Homepage. Die Einrichtung einer Produktentwicklungs-Homepage ermöglicht auch der Arbeitsvorbereitung einfachen und schnellen Zugriff auf Daten der neuen Produkte. In naher Zukunft werden die meisten der Produktionsvorbereitungs-Tools ihre Inhalte direkt im HTML- oder einem anderen graphischen Format ausgeben und damit die gegenwärtigen Übersetzungsprogramme überflüssig machen.
(siehe Groupware, Multimedia für betr......, Electronic Publishing, Zugriff auf Datenbanken)

3.10 Konstruktion

In der Konstruktionsabteilung wird die Virtual Reality Modeling Language (VRML) verwandt. Vor Produktionsbeginn eines Regalförderzeuges kann dieses dadurch z.B. virtuell unter Berücksichtigung aller Details dargestellt werden oder aber sogar die ganze Regalanlage inklusive des Regalförderzeuges interaktiv von allen Seiten begutachtet werden.

(siehe VRML)

3.11 Arbeitsvorbereitung

VRML (Virtual Reality Modeling Language) schafft der Arbeitsvorbereitung die Möglichkeit, durch virtuelle Fabrikhallen zu gehen und den Gang der zu fertigenden Produkte über die einzelnen Arbeitsplätze räumlich zu „begreifen". Dies verschafft einen besseren Überblick über die einzelnen Arbeitsabläufe. Ebenso können evtl. Rationalisierungspotentiale durch bessere Anordnung der Arbeitsplätze von aufeinanderfolgenden Arbeitsschritten aufgezeigt werden.

(siehe Multimedia für betr........)

3.12 Produktion

3.12.1 Produktionsplanung

Oft liegen die Fabrikationseinheiten eines Unternehmens geographisch weit von seinen Zentren für Forschung und Entwicklung entfernt. Barrieren, die zwischen den Herstellungs- und Entwicklungsabteilungen bestehen, haben oft ihre Ursache im Mangel an Austausch von Informationen. Intranets bieten großartige Möglichkeiten, diesen Unternehmen dabei zu helfen, ihre Kenntnisse auszutauschen und die Zykluszeiten der Produktentwicklungen zu verringern.

Mit der Produktentwicklungs-Homepage der Köttgen GmbH & Co. KG kann die Fertigung in die Planungsschritte für ein Produkt eingebunden werden, um die Herstellung zu optimieren. Gleichzeitig können die Entwicklungsteams die Intranet-Seiten der Produktion benutzen, um im voraus schon Herstellungsprobleme zu erkennen. Ihre Fertigungs-Web-Seiten können zu einer Quelle für Maschinenbelegungspläne, Maschinenstillstandzeiten und Wartungsberichte von Maschinen und Anlagen werden. Diese Informationen können auch vom Management bei Bedarf (z.B. in Konferenzen) einfach und schnell abgerufen werden. Zu den Tätigkeitsberichten, die in den Fertigungs-Web-Seiten enthal-

92

ten sind, gehören z.B. der aktuelle Fertigungsplan, Produktionszykluszeiten für die einzelnen Produkte, Maschinenbelegungspläne, Nachrichten aus den Werkstätten, usw..

Zusätzlich zu den Berichten über die Kapazitätsausnutzung helfen die Angaben über Maschinenbelegung und Laufzeiten in der Fertigung dem gehobenen Management zu erkennen, welche Erzeugnisse der Grund für die Durchsatzprobleme sein können. Berichte über die Fertigungsverläufe versorgen alle Abteilungen der Köttgen GmbH & Co. KG, insbesondere die Qualitätssicherung, mit aktuellen Informationen über die Faktoren, welche die Kosten und die Qualität der Produkte berühren.

(siehe Multimedia für betr......, Electronic Publishing, Zugriff auf Datenbanken, HTML)

3.12.2 Produktionsdatenbanken

In der Fertigung der Köttgen GmbH & Co. KG beschreibt eine Stückliste welche Teile für die Fertigung eines Regalförderzeuges benötigt werden. Der Mitarbeiter holt sich die Stückliste per Browser aus dem speziellen System für die Stücklistenverwaltung. Diese Information genügt noch nicht, denn er muß auch genügend Teile vor Ort verfügbar haben, um die Maschine montieren zu können. Er kann nun den aktuellen Bestand aus dem Warenwirtschaftssystem abfragen.

In der Produktion erhält der Monteur Informationen aus zwei verschiedenen Systemen, kombiniert und als dynamisch erzeugte Web-Seite zur Verfügung gestellt. Bei jedem Abruf der WWW-Seite werden die Daten neu aus dem System aufbereitet; das heißt, es stehen immer die aktuellsten Informationen zur Verfügung.

Zur besseren Verständlichkeit der komplexen Montageabläufe finden neben den Originaltexten der ursprünglichen Arbeitspläne auch neue Medien wie Farbbilder und Videosequenzen Verwendung. Der Einsatz dieser neuen Medien reduziert den Aufwand für Beschreibungen und verbessert gleichzeitig die Darstellungsqualität.

(siehe Multimedia für betr....., Electronic Publishing, Zugriff auf Datenbanken)

3.12.3 Information Produktion/Kunde

In der Vergangenheit lief die Kommunikation zwischen Kunde und Hersteller so, daß der Kunde seinen Auftrag vergab und bis zur Auslieferung der Waren nichts mehr hörte. Der Wettbewerbsdruck der letzten Jahre und die neuen Informationstechnologien verändern diese Situation. Einerseits kann dem Kunden besserer Einblick in den Bearbeitungsprozeß seiner Bestellung gegeben werden. Andererseits können Firmen ihre Zusammenarbeit verbessern, indem sie über Kommunikationsnetze viel enger miteinander kommunizieren und kooperieren können, fast so als wären sie ein Unternehmen. Das Intranet bietet hierzu verschiedene Möglichkeiten.

Die Betriebsdatenerfassung der Köttgen GmbH & Co. KG erfaßt z.B. den aktuellen Stand der Produktion und vergleicht diesen mit der Planung. Bei Abweichungen werden Informationen erzeugt, um Entscheidungsträgern geeignete Reaktionen zu ermöglichen. Die erfaßten Daten können aber auch dem Kunden über das Internet zur Verfügung gestellt werden. Das gibt Kunden mehr Planungssicherheit und senkt intern die Kosten für die Beantwortung solcher Anfragen. Man kann in diesem Zusammenhang von einer „gläsernen" Produktion sprechen.

Auch im Bereich Kabelgarnituren findet das Internet/Intranet beim Produktentwurf Einsatz. Der Kunde spezifiziert über Web-Seiten seine Produktbedürfnisse bezüglich bestimmter Eigenschaften und des einzusetzenden Materials. Ein WWW-Server der Köttgen GmbH & Co. KG leitet die Daten an geeignete Programme und Datenressourcen weiter. Materialeigenschaften werden z.B. aus der Datenbank herausgelesen und mit anderen Benutzerspezifikationen als Parameter an die Software zum automatischen Produktdesign weitergegeben. Das Ergebnis des Entwurfsprozesses wird an den Benutzer wieder in Form von Web-Seiten zurückgegeben, die nicht nur technische Daten des Entwurfs enthalten, sondern auch technische Zeichnungen des Produkts.

(siehe Zugriff auf Datenbanken, Workflow, Data Warehouse, Data Mining, Electronic Publishing, Multimedia für betr.....)

3.13 Versand

Für den Versand der produzierten Waren hält das Unternehmen direkten Kontakt zu zwei Speditionen in der näheren Umgebung. Die Köttgen GmbH & Co. KG kann ihre Versandaufträge über das Internet an diese beiden Speditionen weiterleiten, die wiederum die Auftragsbestätigung via Internet zurücksenden. Für die Auftragserteilung und –bestätigung stehen auf der Homepage der Speditionen jeweils Formulare zur Verfügung, die nur ausgefüllt werden müssen und die interne Disposition erleichtern. Diese Formulare wurden den Speditionen von der Köttgen GmbH & Co. KG zur Verfügung gestellt. Es gibt unterschiedliche Auftragsformulare, je nachdem ob es sich bei dem zu versendenden Produkt um ein Regalförderzeug, Kabelgarnituren oder etwas anderes handelt. Ersatzteile und andere kleinere Teile werden per DPD oder mit UPS versandt. Diese beiden Paketservice bieten ihren Kunden bisher noch keine Möglichkeiten, Versandaufträge über das Internet zu erteilen.

(siehe HTML-Formulare, e-mail)

4 Wirtschaftlichkeitsprüfung

4.1 Nutzwertanalyse

Bisher war in dieser Arbeit viel über die wertvollen Nutzungsmöglichkeiten eines Intranets zu erfahren. Ein Intranet wird die Basis des Unternehmens mit Sicherheit verbessern, angefangen von der Beschleunigung der Kommunikation und der Verbesserung der Produktentwicklung bis hin zur Schaffung einer neuen Kultur der Zusammenarbeit. Zur Ermittlung der qualitativen Wirtschaftlichkeit wird in dieser Arbeit die Nutzwertanalyse herangezogen, denn eine Verdichtung der qualitativen Wirtschaftlichkeitsindikatoren auf eine einzige, monetäre Zielgröße ist nicht möglich. Die Nutzwertanalyse ist ein Verfahren zur Lösung von Entscheidungsproblemen mit mehrfachen Zielsetzungen, wie es die Intranet-Technologie als Alternative zum bisherigen Datenverarbeitungs- und Informationssystem der Köttgen GmbH & Co. KG erfordert. Das Vorteilhaftigkeits- oder Wirtschaftlichkeitskriterium in einer Nutzwertanalyse ist der Zielerreichungsgrad der Entscheidungsalternative[116].

(1) Die Schnelligkeit des Informationsflusses ist sicherlich eines der wichtigsten, wenn nicht sogar das wichtigste Ziel eines Informationssystems *(Gewichtungsfaktor 3)*. Im Intranet bietet e-mail eine Möglichkeit, Informationen und Daten weiterzuleiten. Der Transport von Informationen erfolgt durch e-mail wesentlich schneller und zuverlässiger als durch die herkömmlichen Briefsendungen. Ebenso können Informationen durch Workflow-Software schnell und automatisch von Client zu Client gesandt werden. *(Veränderungsgrad 3)*

(2) Viele Informationen der Firma sind in Datenbanken gespeichert, teilweise werden eigene Datenbanken für die Informationsgewinnung erstellt (Data Warehouse). Diese Informationen sollen möglichst weitgestreut im Unternehmen abrufbar sein *(Gewichtungsfaktor 3)*. Das Intranet stellt eine allgemeine Methode des Datenbankzugriffs von allen Computerarbeitsplätzen (HTTP, CGI)

---

[116] Vgl. Kargl, Herbert; Fachentwurf für DV-Anwendungssysteme (1990), Seite 223

mit einem möglichen Zugriff auf viele Arten von Datenbanken (JFPC) zur Verfügung. Die teilweise schon bestehenden Informationsmöglichkeiten werden so erweitert. Als Ergebnis wird aus diesen Überlegungen geschlossen, daß der Zugriff auf Daten aus Datenbanken zumindest geringfügig verbessert wird. *(Veränderungsgrad 1)*

(3) Für die Unternehmensleitung, das Management sowie für jeden einzelnen Mitarbeiter in den verschiedenen Bereichen einer Unternehmung ist es zur bestmöglichen Erfüllung seines Aufgabenbereichs von grundlegender Bedeutung, daß aktuelle und qualitativ hochwertige Informationen zur Verfügung gestellt werden *(Gewichtungsfaktor 3)*. Andererseits ändern sich die relevanten Daten in immer schnellerem Tempo. Das Anbieten von solchen Informationen im Intranet mittels HTML, Adobe Acrobat und insbesondere Future Tense verbessert die Informationsmöglichkeiten entscheidend. Auch die Search Engines und Newsgroups tragen zur besseren Informationsfindung bei. Dabei sollte beachtet werden, daß auch unternehmensexterne Informationen herangezogen werden. Auch dafür ist das Inernet/Intranet im höchsten Maße geeignet. Dies alles ermöglicht eine wesentliche Verbesserung bei der Aktualität und Qualität der Informationen. *(Veränderungsgrad 3)*

(4) Eine schöne Randerscheinung bei der Einführung eines neuen Informationssystems kann es sein, daß durch diese neue Technologie Möglichkeiten geschaffen werden, zusätzliche Informationen zu erhalten *(Gewichtungsfaktor 1)*. Das Intranet Data Mining kann aus wenig aussagekräftigen Datenbeständen nützliche Informationen ans Tageslicht bringen. *(Veränderungsgrad 3)*

(5) Ein Informationssystem ist nur so brauchbar wie es die Informationen sind, die es zur Verfügung stellt *(Gewichtungsfaktor 2)*. Die Firma sollte jeden einzelnen Firmenangehörigen ermutigen, Informationen in das interne Web einzugeben. Hierzu muß bei jedem Mitarbeiter das technische Know-how geschaffen werden, um Informationen in das Web eingeben oder Homepages erstellen zu können. Das Intranet macht es den Mitarbeitern relativ einfach, selbst Inhalte zu verfassen. *(Veränderungsgrad 1)*

(6) Die leichte und kostengünstige Veröffentlichung von Informationen intern sowie extern ist ein wichtiges Ziel *(Gewichtungsfaktor 2)*. Das Internet kann zu diesem Ziel in verschiedenen Formen beitragen. Zum einen können die Informationen statt in gedruckter Form am Bildschirm angeboten werden. Die Standard-Software hierzu ist HTML und Future Tense. Weiter können bestimmte Informationen statt ausgedruckt und verteilt, in elektronischer Form gespeichert und zum Ausdruck angeboten werden. Hierfür ist insbesondere die Software Adobe Acrobat geeignet. Damit kann die Form des Ausdrucks (z.B. Zeichensatz, Zeichengröße, Aufbau der Seite) vom Autor voll kontrolliert werden. Es ist auch möglich, die Informationen alternativ am Bildschirm anzeigen zu lassen. Das Ausdrucken verlagert sich zweckmäßiger von der Firma zum Kunden, was für die Firma große Vorteile bringt, aber wohl auch im Interesse des Kunden liegt. Dieses Verfahren hat auch den Vorteil, daß Informationsmaterial nicht präventiv vorgehalten werden muß, weil es zeitaufwendig ist, die Informationen zu besorgen. Desweiteren wird es möglich, mehr Informationen anzubieten, weil die Erstellung wesentlich kostengünstiger ist. In allen drei Fällen ist es viel kostengünstiger, die Informationen aktuell zu halten. Dieses Informationssystem kann noch durch elektronische Archive verbessert werden. Mögliche elektronische Veröffentlichungen sind z.B. Beschreibung der Firmenerzeugnisse, Organisationsdiagramme, Stellenausschreibungen, Kataloge, Presseveröffentlichungen u.a.. Durch die Verwendung des Internets kann auch Material angeboten werden, das Antworten vom Kunden erwartet bzw. ermöglicht. Das Internet kann das Ziel entscheidend besser realisieren als dies bisher möglich war. *(Veränderungsgrad 2)*

(7) Eine eindeutige Festlegung der Arbeitsabläufe, eine jederzeit mögliche Information über Stand der Aufgabenerfüllung und ein schneller Ablauf der Tätigkeiten verbessert die Aufgabenerfüllung des Unternehmens *(Gewichtungsfaktor 3)*. Diese Problemkreise werden durch die Workflow-Software angesprochen. Das Intranet kann dazu beitragen, daß alle Computerarbeitsplätze am Workflow-System beteiligt sind. Allerdings setzt ein Workflow-System eine Analyse der bisherigen Organisation voraus. Außerdem ist in diesem Zusammenhang eine hohe Akzeptanz bei den Mitarbeitern eine wichtige Voraussetzung. Um Akzeptanz zu erreichen, ist viel Überzeugungsarbeit notwendig. Es

ist wohl davon auszugehen, daß die Workflow-Systeme nur sehr langsam realisiert werden können. Außerdem ist die Entwicklung Workflow-Software für das Intranet noch nicht weit fortgeschritten. Deshalb werden sich Ergebnisse zunächst nur im geringen Maße einstellen und es wird deshalb nur eine geringfügige Verbesserung erwartet. *(Veränderungsgrad 1)*

(8) Ein System kann nur dann seinen Zweck erfüllen, wenn die Mitarbeiter es einfach bedienen können *(Gewichtungsfaktor 3)*. Eine schwierige Bedienbarkeit kann das gesamte System zunichte machen. Die weite Verbreitung der Internet-Software auch bei Nichtfachleuten führt dazu, daß die Softwarefirmen große Anstrengungen unternehmen, diese Software in der Handhabung zu vereinfachen, vor allem was die Standardsoftware betrifft. Dies trifft nicht so sehr auf die Entwicklungsstufe 4 zu, die mehr mit den bisherigen Datenverarbeitungssystemen zu vergleichen ist. Aus diesen Überlegungen heraus wird angenommen, daß zumindest eine geringfügige Verbesserung der Bedienungsfreundlichkeit mit der Intranet-Technologie erreicht wird. *(Veränderungsgrad 1)*

(9) Die Pflege von Software-Systemen ist äußerst aufwendig *(Gewichtungsfaktor 2)*. Die Internet-Software ist für viele verschiedene Betriebssysteme verfügbar und führt zu einer Vereinheitlichung der Software. Diese Vereinheitlichung führt zu einer Verringerung des Pflegeaufwandes. Es wird deshalb davon ausgegangen, daß eine deutliche Verbesserung der Pflegefreundlichkeit durch Einführung der Internet/Intranet-Technologie erreicht wird. *(Veränderungsgrad 2)*

(10) Ein wichtiges Ziel der Datenverarbeitungs- und Informationssysteme ist die Flexibilität *(Gewichtungsfaktor 2)*. Unter Flexibilität wird in diesem Zusammenhang die Anpassungsfreundlichkeit an Veränderung von Organisationen und Prozessen, des Datenvolumens und der Datenstruktur verstanden. Die Prozesse sind relativ kurzlebig, denn häufig ist was heute noch gilt, morgen bereits „Schnee von gestern". Unternehmen müssen nicht nur immer schneller reagieren, sie müssen auch mit Hilfe einer flexiblen und schnell adaptierbaren Software Unternehmensprozesse an die Veränderungen anpassen können. Ur-

sache der Inflexibilität ist die Architektur der Software. Die Software sollte flexibler gemacht werden. Dies könnte erforderliche Änderungen der Software wesentlich vereinfachen. Allerdings wird durch den vermehrten Einsatz von Software, die Flexibilität abnehmen. *(Veränderungsgrad -1)*

(11) Es ist wichtig, daß das Unternehmen Informationen über die Art der Aufgabenerfüllung hat *(Gewichtungsfaktor 2)*. Das Intranet bietet die Möglichkeit, die Informationen des einzelnen in das Workstation-System und in elektronische Archive einzubringen.. Dies kann die Transparenz wesentlich erhöhen und zu einer erheblichen Verbesserung der Kontroll-, Abstimmungs- und Überwachungsmöglichkeiten führen. *(Veränderungsgrad 3)*

(12) Vorteilhaft für eine Unternehmung ist es, wenn es ohne teures Fachpersonal bei der Aufrechterhaltung der Funktionen des Informationssystem auskommt *(Gewichtungsfaktor 1)*. Einerseits ist die Internet-Software relativ leicht handhabbar, andererseits nimmt aber der Einsatz von Software-Systemen innerhalb des Unternehmens wesentlich zu. Deshalb ist mit einer geringfügigen Erhöhung von Fachpersonal zu rechnen. *(Veränderungsgrad -1)*

(13) Die Anforderungen an die Mitarbeiter werden immer anspruchsvoller und die Anforderungsinhalte sind großen Veränderungen unterworfen. Deshalb wird die Ausbildung der Mitarbeiter immer wichtiger und aufwendiger *(Gewichtungsfaktor 2)*. Es können große Einsparungen erreicht werden, wenn externe Kurse und auch der interne Personaleinsatz für die Ausbildung verringert werden. Dies kann durch elektronische Schulungsunterlagen erreicht werden, auf die über das Intranet zugegriffen werden kann. Auch der Einsatz von Multimedia, wie z.B. Audio, Video und VRML, können zu einer umfassenden Ausbildung in leicht eingängiger Art und Weise beitragen. Weiter bietet das Intranet die Möglichkeit, eine interaktive Ausbildungsform zu realisieren. Es kann wohl daraus geschlossen werden, daß die Ausbildung wesentlich verbessert und weniger kostenintensiv werden kann. *(Veränderungsgrad 2)*

(14) Problematisch für ein Unternehmen sind die Gefahren, die im Zusammenhang mit der Umstellung des Informationssystems auftreten können *(Gewich-*

tungsfaktor 3). Die Vorteile der Intranet-Technologie liegen auf der Hand. Doch die Umstellung birgt auch einige Risiken. Dafür gibt es vor allem zwei Gründe: Der erste Grund ist die Individualität. Arbeitsabläufe sind zwar generell vergleichbar, doch sind die Geschäftsprozesse in jedem Unternehmen sehr individuell. Sich einem durch Standardsoftware vorgegebenen Prozeß anzupassen ist sicherlich kein Wettbewerbsvorteil. Desweiteren ist die Umsetzung der Unternehmensprozesse in Individualsoftware oder die Anpassung von Standardsoftware in der Regel aufwendig, teuer und zeitintensiv. Firmen, die neue Software installieren, stellen oft weitreichende Analysen über den Ist- und Soll-Zustand der Unternehmenssituation an. Häufig lassen sie sich dann den Unternehmensprozessen entsprechende Software entwickeln. Dieser Ansatz erzeugt hohe Kosten, sorgt für lange Einführungszeiten und birgt ebenso ein großes Risiko[117]. *(Veränderungsgrad –1)*

---

[117] Vgl. Rasp, Stephan; Komplexeren Vorgängen ähnlich wie ...., cw 31/97, Seite 37

Wirtschaftlickeitsprüfung der Intranet-Technologie

	Beschreibung	A	B	C
0	Bewertung des geplanten Verfahrens im Vergleich zum derzeitigen Verfahren/ Vergleichsverfahren im Hinblick auf die Erfüllung der genannten Kriterien anhand folgender Punkteskala Veränderungsgrad: +/- 3 = erhebliche Veränderung (Verbesserung, Verschlechterung) +/- 2 = deutliche " +/- 1 = geringfügige " 0 = keine Veränderung Gewichtung: 1 - 3	Veränderungs-grad	Gewichtungs-Faktoren	Punkte x Gewich-tungs-faktoren
Nicht-quantifizierbare Kriterien				
1	Informationsfluß	3	3	9
2	Zugriff auf Daten aus Datenbanken	1	3	3
3	Aktualität und Qualität der Informationen	3	3	9
4	Zusätzliche Informationen (z.B. Data-Warehouse, Data Mining)	3	1	3
5	Verfassen von Inhalten	1	2	2
6	Kosten für Veröffentlichung von Informationen (intern und extern)	2	2	4
7	Transparenz und Straffheit der Organisation	1	3	3
8	Bedienungsfreundlichkeit	1	3	3
9	Pflegefreundlichkeit	2	2	4
10	Flexibilität (z.B. Änderungsfreundlichkeit gegenüber Veränderung von Organisationen, Datenvolumen, Datenstruktur, Sonderfällen)	-1	2	-2
11	Kontroll-, Abstimmungs- und Überwachungsmöglichkeiten	3	2	6
12	Abhängigkeit von Fachpersonal	-1	1	-1
13	Weiterbildung der Mitarbeiter (z.B. Erfahrung mit Multimedia)	2	2	4
14	Umstellungsrisiko (z.B. Umstrukturierung von Arbeitsabläufen)	-1	3	-3
15	Summen	19	32	44
Koeffizient für nicht-quantifizierbare Faktoren (Wirtschaftlichkeitskoeffizient)				
16	Koeffizient der nicht-quantifizierbaren Vor- und Nachteile des geplanten Intranets (Pos. 15, Summe C : Summe B)	44/32 = 1,375		
17	Verbale Bedeutung des Koeffizient gemäß Punkteskala			

Deutliche Verbesserung gegenüber vorherigen Informationssystemen

4.2   Amortisation

Außer der Nutzwertanalyse gibt es noch weitere Verfahren, um den Nutzen eines neuen Informationssystems zu prüfen. Bisher wurden durch die Nutzwertanalyse nur subjektive Präferenzen und Werturteile in die Wertung mit einbezogen[118]. Eine andere Form der Bewertung einer Investition ist die Amortisationsrechnung (ROI, Return On Investment). Die Amortisationsrechnung berechnet die Wiedergewinnungszeit des eingesetzten Kapitals der Investition. Die Berechnung einer Amortisation verlangt eine sorgfältige Ermittlung von Kosten und Gewinn. Der potentielle (monetäre) Nutzen eines Intranets läßt sich im Gegensatz zu den Kosten allerdings nur sehr schwer berechnen bzw. einschätzen. Dies macht eine Amortisationsrechnung äußerst schwierig und ungenau.

In einer kürzlich veröffentlichten Studie haben die Marktforscher der Meta Group den Return On Investment (ROI) von Intranet-Anwendungen untersucht. 80 Prozent der 55 befragten amerikanischen Unternehmen erzielten einen ROI mit einem durchschnittlichen jährlichen Rückfluß von 38 Prozent[119].

---

[118] Vgl. Kargl, Herbert; Controlling im DV-Bereich (1996), Seite 94
[119] Vgl. Wittke, Christoph; Meta-Group-Studie untersucht ...., cw 34/97, Seite 19

5 Schlußwort

Das Internet stellt einen großen Markt dar. Deshalb kann man davon ausgehen, daß die Anbieter große Anstrengungen unternehmen, die Techniken des Internet weiterzuentwickeln. Das Internet wird von einer großen amorphen Vielzahl von Personen genutzt. Dies zwingt die Anbieter sich in hohem Maße an Standards zu halten. Diese beiden Gründe machen es für die Unternehmen sinnvoll, auch innerhalb des Unternehmens die Techniken des Internet (Intranet) zu nutzen. Dazu kommt, daß durch die Nutzung der Internet-Technologie im Unternehmen die Mitarbeiter extern und intern mit den gleichen Werkzeugen arbeiten können. Dies führt zu einer wesentlichen Verringerung des Schulungsaufwandes.

Man darf andererseits nicht davon ausgehen, daß es keine Gegenkräfte gegen eine Standardisierung gibt. Auf dem Internet/Intranet-Markt geht es um viel Geld und jeder Anbieter ist bestrebt, einen guten Anteil davon für sich zu gewinnen. Dieses Ziel ist für die Anbieter wichtiger als ein Standard. Insbesondere geht es um die Frage, welches der richtige Standard ist. Die Firma Microsoft, die den Markt für Desktop-Systeme in hohem Maße beherrscht, hält verständlicherweise die damit zusammenhängende Software für den richtigen Standard. So will Microsoft seine Vormachtstellung weiter ausbauen. Andere Firmen streben einen Standard unabhängig von einem einzelnen Anbieter an. Aktuell (Okt. '97) ist der Java-Standard umstritten. Dies stellt ein wichtiges Problem für die Internet/Intranet-Technologie dar, weil Java als "die" Sprache des Internets angesehen wird. Dieses Mal ist die Konstellation allerdings anders als üblich. Nicht Microsoft sondern SUN will einen firmeneigenen Standard durchsetzen.

Wie schon oben ausgeführt, ist kaum denkbar, daß es ein Internet ohne Standards geben kann. Aber die Durchsetzung von Standards kann sich verzögern. Es besteht die Möglichkeit, daß die Anwender dadurch verunsichert - die Einführung von Intranets in ihren Unternehmen verschieben.

Die Einführung des Intranets bedeutet für die Unternehmen einen hohen Aufwand an Ressourcen. Ein großer Teil der Entwicklungskapazitäten in den Unternehmen ist durch Wartung und Anpassung an Änderungen des Umfeldes
gebunden (meist über 75 %). Aktuell kommen zusätzlich das "Jahr-2000-
Problem" und die Umstellung auf den Euro dazu. Dementsprechend darf man
nicht erwarten, daß die Unternehmen kurzfristig in wesentlichem Maße auf ein
Intranet übergehen können.

Auf längere Sicht sind durch die Einführung eines Intranets wesentliche Ko-
steneinsparungen möglich:
Wie die Abbildung 11 "Kostenvergleich zwischen den Konfigurationen" zeigt,
kann der Einsatz von NC's zu erheblichen Einsparungen führen. Allerdings ist
der PC für den Mitarbeiter ein Prestigeobjekt. Zudem läßt ein NC dem Mitarbeiter nicht so viel Freiheit wie ein vollausgebauter PC.

Wesentliche Einsparungen sind auch im Bereich Kommunikation und Information möglich. Firmeninterne Anschreiben und Rundschreiben können durch
HTML-Seiten im Web ersetzt werden. Statt Schriften zu drucken, können diese
in elektronischer Form gespeichert werden. Sie können dann am Bildschirm
angezeigt oder bei Bedarf auch gedruckt werden. Besonders günstig wirkt sich
das bei Änderungen und Aktualisierungen aus. In der bisherigen Form stellen
Änderungen und Aktualisierungen ein kaum lösbares Problem dar und verursa-
chen hohe Kosten. Große Einsparungen sind weiterhin durch die Vereinheitlichung der System- und Standard-Software möglich. In größeren Unterneh-
mungen werden z.Z. meist mehrere Computertypen mit unterschiedlicher Sy-
stem- und Standard-Software eingesetzt. Diese Software muß durch hochbe-
zahlte Computerfachleute betreut werden.

Die Anwendungen des Intranets sind in ihrem Kern der Groupware zuzuord-
nen. Deshalb ist für die Einführung des Intranets die Akzeptanz bei den Mitarbeitern von wesentlicher Bedeutung. Die Akzeptanz dürfte allerdings oft vorhanden sein, da die Mitarbeiter das Internet oft auch privat nutzen wollen und
damit an Anregungen durch ihre berufliche Tätigkeit interessiert sind. Ein Problem ergibt sich dadurch, daß die Mitarbeiter das Internet evtl. auch im Unter-

nehmen privat nutzen wollen. Die Unternehmen sollten in dieser Frage eine kompromißbereite Haltung einnehmen, um so die Akzeptanz des Intranets zu fördern. Die Mitarbeiter müssen vor allem bereit sein, ihr Wissen zu teilen und dürfen nicht nach dem Motto "Wissen ist Macht" handeln. Denn die große Stärke des Intranets ist der schnelle und einfache Zugriff auf Informationen bzw. Wissen. Diese Informationen (Wissen) müssen allerdings teilweise von den Mitarbeitern zur Verfügung gestellt werden. Ansonsten geht ein großer Vorteil des Intranets verloren.

Das Intranet paßt nicht gut zu Unternehmen mit einer starren hierachischen Struktur. So ist es z.B. bei Nutzung von e-mail kaum möglich oder sinnvoll, daß jede Information von oder nach außen über den Vorgesetzten läuft. Ebenso macht es auch wenig Sinn, den Zugang zu Informationen, welche in Dokumentenarchiven vorhanden ist, eng zu begrenzen. Auch zwischen den Hierachiestufen darf nicht nach dem Motto "Wissen ist Macht" gehandelt werden.

Der Verfasser ist davon überzeugt, daß sich das Internet/Intranet noch stark entwicklen und ausbreiten wird und schließlich alle Bereiche der Gesellschaft und insbesondere der Unternehmen durchdringt.

Literaturverzeichnis

Alpar, Paul: Kommerzielle Nutzung des Internet: Unterstützung von Marketing, Produktion, Logistik und Querschnittsfunktionen durch das Internet und kommerzielle Online-Dienste/Paul Alpar. Unter Mitarb. von Thomas Pfeiffer ... – Berlin; Heidelberg; New York; Barcelona; Budapest; Hongkong; London; Mailand; Paris; Santa Clara; Singapur; Tokio: Springer, 1996

Annuscheit, Rainer: Markt für NCs schwer einschätzbar: SNI wird NetPC auf der CeBIT präsentieren, in: Client Server 4/97; München, April 1997

Arndt, Martin: Attacke gegen die NCs: Intel und Microsoft kündigten NetPC an, in: Client Server 2/97, München, Februar 1997

Arndt, Martin: Grundlage für PC-Industrie: Intel und Microsoft definieren NetPCs, in: Client Server 6/97, München, Juni 1997

Baryga, Kay-Uwe: Supermarkt für Informationen: Brachliegendes Datenpotential in den Unternehmen ausschöpfen, in: Client Server 3/97, München, März 1997

Bottler, J., Horváth, P., Kargl, H.: Methoden der Wirtschaftlichkeitsberechnung für die Datenverarbeitung – München: Verlag Moderne Industrie, 1972

Brors, Dieter: Auferstanden: Corel Office 7 Professional für Windows 95, in: c't 3/97, München, März 1997

Clasen, Christiane: Im Mix aus Groupware und Intranet liegt der Vorteil: Web-Lösungen: Geringe Anfangsinvestitionen, hoher Pflegeaufwand, in: Computerwoche 20/97, München, 1997

Date, C. J.: Relational Database: Selected Writings – Reading; Menlo Park; Don Mills; Wokingham; Amsterdam; Madrid; San Juan; Bogatá; Sydney; Santiago; Singapore; Tokyo: Addison-Wesley Publishing Company Inc., 1986

Fischer, Jens-Christian: Kaffee am Arbeitsplatz, in: OS/2 Inside 9/97, München, September 1997

Fisher, P., Cole, T., Klein, P.: Bills großes Abenteuer: Microsoft-Strategie, in: internet world 6/97, München, Juni 1997

Fochler, K., Perc, P., Ungermann, J.: Lotus Domino 4.5: Internet: Internet- und Intranetlösungen mit dem Lotus Domino Server/ Klaus Fochler; Primoz Perc; Jörg Ungermann. – Bonn: Addison-Wesley-Longmann, 1997

Frey, Jürgen: Doppelkopf: Voice of the Net, in: PC Magazin 7/97, Feldkirchen, Juli 1997

Gralla, Preston: So funktionieren Intranets: ein visueller Streifzug durch das Intranet/ Preston Gralla. – München: Markt und Technik, Buch- und Software-Verl., 1997

Grigoleit, Uwe: FrontPage 97 – Web-Publishing für das Inter- und Intranet/Uwe Grigoleit. - (Hrsg.: Rabbitsoft Rainer G. Haselier und Klaus Fahnenstich). – Düsseldorf und München: ECON Verlag, 1997

Gupta, R., Horowitz, E., Editors: Object-Oriented Databases with Applications to CASE, Networks, and VLSI CAD – Englewood Cliffs, New Jersey: Prentice-Hall, Inc., 1991

Hase, Hans-Lothar: Wiederverwertung: Kosten sparen beim 3D-Auftritt, in: iX 5/97, Hannover, Mai 1997

Hüskes, Ralf: Goldesel: Microsoft Office 97 für Windows 95 und NT, in: c't 3/97, München, März 1997

Hüskes, Ralf: Windows everywhere: PC Expo im Hype um den NetPC, in: iX 8/97, Hannover, August 1997

Janetzko, D., Steinhöfel, K.: Lotsen los!: Data Mining: Verborgene Zusammenhänge in Datenbanken aufspüren, in: c't 3/97, München, März 1997

Kargl, Herbert: Controlling im DV-Bereich / von Herbert Kargl. – 3., vollst. Neubearb. und erw. Aufl. – München; Wien: Oldenbourg, 1996

Kargl, Herbert: Fachentwurf für DV-Anwendungssysteme / von Herbert Kargl. – 2., erg. Aufl. – München; Wien: Oldenbourg, 1996

Kotler, Ph., Bliemel, F.W.: Marketing-Management: Analyse, Planung, Umsetzung und Steuerung – 7. Auflage - Stuttgart: Poeschel Verlag, 1992

Kuschke, Michael: Austausch: Microsoft Exchange Server, in: iX 5/97, Hannover, Mai 1997

Kyas, Othmar: Corporate Intranets: Strategie, Planung, Aufbau. – 1. Aufl. – Bonn(u.a.): Internat. Thomson Publ., 1997

Merz, Thomas: Die PostScript- und Acrobat-Bibel: Was Sie schon immer über PostScript und Acrobat wissen wollten – 1. Auflage 1996 – München; Thomas Merz Verlag, 1996

Mocker, Helmut und Ute: Intranet – Internet im betrieblichen Einsatz: Grundlagen, Umsetzungen, Praxisbeispiele/ Helmut Mocker, Ute Mocker. – Frechen: DATAKONTEXT Fachverlag, 1997

Mönch A., Haase O.: Inter Net Cologne: ein Führer durch die Online-Welt - 2. Auflage 1996 - Köln, Verlag Alexander Mönch & Oliver Haase GbR, 1996

Moseley, L.E., Boodey, D.M.: Das Office 97 Buch – 1. Auflage 1997 (Autorisierte Übers. der amerikan. Orig.-Ausg.) – Düsseldorf: SYBEX-Verlag GmbH, 1997

o.V.: Corel begräbt Office für Java und setzt Schwerpunkte auf Netzprodukte: Erwartungen konnten nicht erfüllt werden, in: Computerwoche 35/97, München, 29. August 1997

o.V.: Arbeiten mit dem Microsoft Office 97 – Acces Softek Inc., 1997

o.V.: "Internet-Telefonie für jedermann", in: Der Spiegel 18/97, Hamburg, 20. Oktober 1997

o.V.: Using FutureTense Texture: A Guide to the Texture Web Publishing System - Acton, Future Tense, Inc., 1997

Probst, Albert: Defizite durch Werkzeuge kompensieren: Datenauswertung ohne Unterstützung der DV-Abteilung, in: Client Server 3/97, München, März 1997

Rasp, Stephan: Komplexeren Vorgängen ähnlich wie technischen Problemen zu Leibe rücken: Adaptierbarkeit als Schlüssel zum Erfolg, in: Computerwoche 31/97, München, 1.August 1997

Reibold, H.F., Schmitz, U., Seeger, J.: Die Rivalen: Was ActiveX von Java, Java Script und Plug-ins unterscheidet, in: iX 2/97, Hannover, Februar 1997

Sager, Ira: A Bare-Bones Box fore Business, in: Business Week, May 26, 1997

Schmitz, Ulrich: Blickfang: Proprietäre Ergänzungen für virtuelle Tiefen, in: iX 5/97, Hannover, Mai 1997

Servati, Al: Die Intranet-Bibel: technische und wirtschaftliche Grundlagen; Entscheidungshilfe und Amortisationsberechnung; Fallstudien / Al Servati/Lynn Bremner/Anthony Iasi. (Autorisierte Übers. der amerikan. Orig.-Ausg.). – Feldkirchen: Francis, 1997

Siering, P., Brenken, D.: Dick oder doof: Wunsch und Wirklichkeit: Netz-Computer, in: c't 3/97, München, März 1997

Sinn, Dieter: Professionelle Intranets sind alles andere als Low-Budget-Projekte: Kostenvergleiche mit Groupware sind Milchmädchenrechnungen, in: Computerwoche 27/97, München, 4.Juli 1997

Sommergut, Wolfgang: Das NC-Konzept sorgt für Mißverständnisse: Die häufigsten Vorurteile, in: Computerwoche 37/97, München, 12.September 1997

Stein, Isidor: Mutig posaunt: der Browser-Kampf der Internet-Herrscher Microsoft und Netscape geht in die zweite Runde, in: Wirtschaftswoche 11/97, Düsseldorf, 6.März 1997

Surfas, M., Brown, M., Jung, J.: HTML im Intranet: Referenz & Anwendungen; umfangreiche HTML-Referenz fürs Intranet; Formulare und CGI für interaktive Anwendungen und Datenbankzugriff im Intranet / Mark Brown; John Jung u.a. – Haar bei München: Que. (Special edition), 1997

Tamberg, Daniel: Angstschweiß bei Microsoft: Network-Computer-Offensive zeigt Wirkung, in: internet world 8/97, München, August 1997

Ueberhorst, Stefan: Erst mit Applets wird Workflow Web-tauglich: Verlagerung der Client-Kontrollmechanismen, in: Computerwoche 34/97, München, 22.August 1997

Wallrafen, Volker: Diskussionen ohne Grenzen: Alles über Newsgroups, in: PC für Einsteiger, Sonderheft 13, Düsseldorf, 1997

Willis, David: Kampf der Giganten: Lotus Notes 4.1 und Microsoft Exchange im Vergleich, in: Client Server 1/97, München, Januar 1997

Wittke, Christoph: Meta-Group-Studie untersucht Intranet-Anwendungen: Für 80 Prozent der Betreiber lohnen sich die Investitionen, in: Computerwoche 34/97, München, 22.August 1997

Interessante WEB-Adressen

Allgemeine Adressen

Unternehmen	WEB-Adresse
CERN	www.cern.ch
Future Tense	www.futuretense.com/products/qa.html
MICROSOFT	www.microsoft.de oder www.microsoft.com
NBA	www.nba.com
NBC	www.nbc.com
NCSA	www.ncsa.uiuc.edu
Netscape	www.netscape.com
Paramount Pictures	www.paramount.com
SAP AG	www.sap.com
WIRED	www.hotwired.com
White House	www.whitehouse.gov

Spezielle Intranet-Adressen

Produkt	WEB-Adresse
Bay Networks	www.baynetworks.com
Bell Clobal Solutions	www.bellglobal.com/wordlinx.html
Blenheim Intranet Show	www.netlink.co.uk/users/plobby/blendheim/index.html
Die Internet-Company	www.intranet.ca/
Im Innern des Intranet	www.techweb.cmp.com/cw/intranet.htm
Intranet-Demo	www.design.nl/intra/pages/start.htm
INTRAnet-Forum	www.intranet.flashnet.it/
Intranet-Quelle	www.intrack.com/
Microsoft-Produkte	www.microsoft.com/ntserver/default
Virtuelles Intranet	www.cplabs.com/dascom/sitepres/sld010.htm
Windows NT Intranet	www.windowssolutions.com/WSComm.html

Wissensquellen gewinnbringend nutzen

Qualität, Praxisrelevanz und Aktualität zeichnen unsere Studien aus. Wir bieten Ihnen im Auftrag unserer Autorinnen und Autoren Wirtschafts-studien und wissenschaftliche Abschlussarbeiten – Dissertationen, Diplomarbeiten, Magisterarbeiten, Staatsexamensarbeiten und Studien-arbeiten zum Kauf. Sie wurden an deutschen Universitäten, Fachhoch-schulen, Akademien oder vergleichbaren Institutionen der Europäischen Union geschrieben. Der Notendurchschnitt liegt bei 1,5.

Wettbewerbsvorteile verschaffen – Vergleichen Sie den Preis unserer Studien mit den Honoraren externer Berater. Um dieses Wissen selbst zusammenzutragen, müssten Sie viel Zeit und Geld aufbringen.

http://www.diplom.de bietet Ihnen unser vollständiges Lieferprogramm mit mehreren tausend Studien im Internet. Neben dem Online-Katalog und der Online-Suchmaschine für Ihre Recherche steht Ihnen auch eine Online-Bestellfunktion zur Verfügung. Inhaltliche Zusammenfassungen und Inhaltsverzeichnisse zu jeder Studie sind im Internet einsehbar.

Individueller Service – Gerne senden wir Ihnen auch unseren Papier-katalog zu. Bitte fordern Sie Ihr individuelles Exemplar bei uns an. Für Fragen, Anregungen und individuelle Anfragen stehen wir Ihnen gerne zur Verfügung. Wir freuen uns auf eine gute Zusammenarbeit.

Ihr Team der Diplomarbeiten Agentur

Diplomica GmbH ————
Hermannstal 119k ————
22119 Hamburg ————

Fon: 040 / 655 99 20 ————
Fax: 040 / 655 99 222 ————

agentur@diplom.de ————
www.diplom.de ————